吉田　都

バレリーナ　踊り続ける理由

河出書房新社

バレリーナ　踊り続ける理由

はじめに

バレエが私に教えてくれたこと、お話しします

気が付けば、バレエを始めて四十年。

小さいころから憧れていたバレエのレッスンに晴れて通いはじめたのが九歳。十七歳でローザンヌ国際バレエコンクールに挑戦しローザンヌ賞をいただいたことを機に、二〇一〇年までの三十年近く、英国を拠点に踊ってきました。

恵まれた身体つきでもなく、特別に社交的でもない――。そんな私が初めて見上げたロンドンの空は、どんよりとしていて、私の胸の内をそのまま絵に描いたようでした。

今でこそメールも電話も気軽にできますが、当時はそうではありません。ひとりぼっちで異文化の中に放り込まれたはじめの一歩は、〝楽しい〟とばかり言えるものではありませんでした。


コンプレックスとの闘い。

自己管理の大変さ。

そして、自己主張の強い人たちの中での葛藤《かっとう》。

気持ちが折れそうになったこともありました。

そんな私が五十歳を過ぎて今日まで踊り続けてこられたのは、バレエが好きという情熱があったから、この一点に尽きるかもしれません。


バレエは私にとって、永遠に追い続ける「美」――。

追いついた、と思っても、すぐにまた遠い場所へと去って行ってしまう、そんな存在です。

もっと、もっと、その「美」に近づきたい。

この思いは、これからも変わることはないでしょう。

とはいえ最近は、スローダウンしながら今後の在り方について考えはじめました。そこで、表現者としてだけではなく、ひとりの人間として大切なことをたくさん教えてくれたバレエを通して、私の経験を必要としてくださる方々に何かを伝えることも、私の役割ではないかと思うようになりました。

バレリーナを〝美しい〟と思ってくださっている方がたくさんいます。確かにそうかもしれないし、そうだとは言い切れない部分もある――。

バレエのメソッドを使ったトレーニングは身体のラインをすっきり美しく整えるように作られていますから、確かに日々のトレーニングの積み重ねは見た目にも影響します。しかし、本質的な美しさは、そうした見た目ばかりではなく、もっと奥深いところから湧き上がってくるものなのだと、この頃痛感するようになりました。

英国ロイヤル・バレエ団のプリンシパル、という肩書から離れ、過去の体験から改めて学ぶことがたくさんあります。同時に、ひとりのバレリーナとして活動を続ける中で気づいたこともたくさんあります。

いよいよ私も人として半世紀。

これから何が待っているのか未知数ではありますが、自分なりに進化し続けたい。それが今の目標です。

目次

第二章 「自分の居場所」を見つけるために 41

第六章　エレガントに生きる

第一章

好き、は人生の導き手

人も乗り物も、走り続けるにはエネルギーが必要。
どんなに才能に恵まれていても、やめてしまったらそれまでです。
私が、こんなにも長い間踊り続けてこられたのは、
ひとえに〝バレエが好き〟という情熱が
エネルギーとして働いていたからだと思っています。
好きという気持ちは、私たちの人生の導き手となってくれるのです。

スカートの広がりに、夢を重ねて

バレエにはじめて心を奪われたのは幼稚園の時。お友達の発表会を観に行ったのがきっかけでした。照明の下、きれいな衣裳がキラキラと光って、輝くような舞台の様子はまるで夢のよう。この美しい世界の中にいつか自分も参加したいと、心から思いました。以来、「バレエを習いたい」と両親に言い続けたのですが、すぐには聞き入れてもらえませんでした。

ようやく踊りらしいことをスタートしたのは小学校一年生。バレエではなく、リトミック（リズム体操）でした。練習用のレオタードについている白いサーキュラースカートがステップを踏むたびにふわーっと広がるのがとても嬉しくて、週に一度のレッスンの日は、家からそのレオタードを着て教室までの道を踊るように通ったのを覚えています。

でも、ずっと心に引っかかっていたのは、教室には〝トウシューズ〟を履いている人がひとりもいない、ということでした。

やがて私は気づきます。あのシューズを履くにはやはり〝バレエ〟を習わなければならないのだ、ということに。

私は母に、もう一度、頼み込みました。これが九歳の時です。

トウシューズは私にとっての〝赤い靴〟

私の思いを知ったリトミックの先生が、自宅から通いやすい場所にあるバレエ教室を紹介してくださいました。

どきどきしながら初めてバレエのお稽古場に入った日のことは、今でも覚えています。木の床と鏡張りの壁、そして空気の中に漂うトウシューズの独特な〝匂い〟……。すべて懐かしい思い出です。

当時大流行していたピンク・レディーの真似は下手だった私ですが、バレエのステップはすんなりと覚えられたのは、やはりバレエを習うことを待ち焦《こ》がれていたからでしょうか……。

けれども、憧れのトウシューズを履くには二年という歳月が必要でした。トウシューズの先端、つま先を包み込むような形をしている〝ボックス〟と呼ばれる部分は、布を重ねて特殊な糊《のり》でしっかりと固められています。その硬さにサポートされるから、バレリーナは靴の中でつま先をまっすぐに伸ばしたまま立つことができ、レッグラインを長く美しく見せることができます。

しかし硬いからこそ、ただ履いて歩くだけでも疲れます。ましてや履いて踊るには、しっかりとした足の筋肉が必要となります。

そのため誰でも初めはやわらかい〝バレエシューズ〟で練習します。バレエシューズで足の裏の筋肉やつま先の感覚を鍛えてはじめて、硬いトウシューズで踊ることができるのです。

一緒に練習している先輩たちがトウシューズで踊っているのは本当にうらやましく、私も「早くああいうふうになりたい」と願い続けたものでした。

小学五年生のある日、「吉田都さん」と呼ばれて、先生からトウシューズを手渡された時は天にも昇る思いでした。

願いがかなった！

先生に「怪我をするといけないから、次のレッスンまではひとりで履かないように」と言われたのに、待ちきれない私はさっそく家で履いて、シューズを汚してしまいました。次のレッスンの時は、叱られたらどうしよう、と緊張したものです。

憧れのトウシューズを手に入れたそれからの私は、少しでもきれいに履きこなしたくて、足の甲を伸ばすためにピアノの下の隙間に両足を差し込み、膝を伸ばして、痛みを感じなくなるまで我慢したりしていました。今考えればあまり意味がなかったかもしれませんが……（笑）。

とにかくどんなに痛くても、これを履いてきれいに踊りたい。まさに私にとっての〝赤い靴〟でした。

つらさの中に発見があった

しばらくして、〝踊りを楽しむ〟のを第一としていたバレエ教室の方針が、〝バレエの基本を正しく身につける〟ことを重視するようになりました。

レッスンでは、とにかく基本的なテクニックと正確な〝ポジション〟（型）を繰り返し身体に叩きこまれました。

バーにつかまって、脚や腕の位置を細かく確認しながらポジションをとる基礎練習からはじまり、その後はフロアの中央で、ピルエット（回転）やバランス、ジャンプなどを組みあわせたステップの練習を行う〝クラスレッスン〟は、バレエ・ダンサーにとってもっとも基本となる大切な稽古です。私たちバレエ・ダンサーの一日は、必ずこのクラスレッスンからスタートしますし、一年三六五日、週に一度のお休みを除いては、毎日毎日この〝訓練〟を繰り返します。

息が上がるまでひたすら回り、跳ぶ。地道な動きを何度も繰り返す。優雅なバレエのイメージとはかけ離れた世界です。あまりの厳しさに泣き出す子もいましたが、私は不満だけはもらすまいと決めて、先生についていきました。なぜなら、そのつらさをのりこえた先には、新しい世界が見えるのではないかという期待があったからです。

目が回るまで回り続けると身体の軸がわかるようになり、足の感覚がなくなるまで跳び続けると、身体の外側の力が抜け、軽く感じられるようになりました。トウシューズでつま先立ちを続けていると足先が痛くなるので、体重がつま先に全部かからないよう身体を引き上げて立つことを自然に覚えました。

頭で考えなくても、身体が自然に正しいポジションを取れるようになっていくのです。

つらくても、苦しくても、続けていれば様々な発見があります。

その発見を通し、自分が着実に進化していく——そこに喜びを感じるから、また頑張ることができるのです。

信じる、というフォロー

その頃、私には不整脈の疑いがあり、厳しいお稽古の合間に呼吸が苦しくなることがたびたびありました。その様子を見ていた母はバレエをやめさせようと思ったこともあったようでしたが、私は絶対にやめるとは言わなかった。それどころか、もっと、もっとという気持ちがますます強くなっていきました。母はハラハラしながらも、講習や合宿、やがてはコンクールまで、私が望めばそれを尊重し、背中を押してくれるようになりました。

国内のバレエ団はもちろん、外国のバレエ団の来日公演にも連れて行ってくれ、勉強するチャンスをたくさん作ってくれましたし、レッスンで疲れた足をマッサージしてくれることもありました。

我が家はごく一般的なサラリーマン家庭です。しかも私は一人っ子ではありませんから、両親としては時間的にも金銭的にも大変だったと思います。でも両親は私を信じ、私の意志を尊重してくれた。今考えると、とても勇気が必要だったはずです。バレエに関して「ああしなさい、こうしなさい」と指示したり、ましてや「いつか立派なプリマバレリーナになりなさい」などとプレッシャーをかけることはせず、じっと見守ってくれました。

おかげで私は余計なことを考えず、のびのびとバレエの道を歩むことができたのです。

これは後に聞いたことですが、私のバレエへのあまりに強い気持ちに引っ張られ、応援しなくてはと思っていてくれたそうです。

ローザンヌ国際バレエコンクール

一九八三年、スイス・ローザンヌのボーリュ劇場のステージの上――。最後に呼ばれているのが私の名前だと、しばらく気づけずにいました。周りの参加者たちに背中を押されて、ようやく理解したのです。十七歳、ローザンヌ国際バレエコンクールで「ローザンヌ賞」をいただいた時のことです。

このコンクールは世界に通用するダンサーを育成することを目的に、入賞者に世界の著名なバレエ学校で勉強する権利が授与されるものです。世界中から集まる応募者から一〇〇名弱に絞られた人たちがローザンヌの本選に臨《のぞ》み、合同レッスンに始まるいくつかの審査を経て、セミファイナル、ファイナルへと進みます。

私には、なんとしてでも入賞しようという野望はありませんでした。それよりも、世界中から集まってきた美しい参加者たちに交じって、レッスンしたり、踊ったりできることがとにかく嬉しく、楽しかった。

思いがけず迎えたファイナル審査は、さすがにかなり緊張しましたが、「ここまできたら、なるようになれ！」と、それまでいちばん解放されたような気分で踊ることができました。恥ずかしいといった気持ちをこえて、自分ではない自分を出せたような気がしました。

授賞式のことは、あまりに現実感がなくて、よく覚えていません。

唯一はっきり覚えているのは、張り出されていた記念写真の中から、気に入った子の舞台写真をうきうきしながら選んで買ったこと（笑）。

この先に待ち受けている大変な日々のことなど、想像すらできなかったのです。

どんよりとしたロンドンの空

コンクールの入賞者には一年間のスカラーシップが与えられます。私は、英国ロイヤル・バレエスクールのアッパー・スクールに編入することになりました。

英国ロイヤル・バレエスクールは、世界三大バレエ団のひとつ、英国ロイヤル・バレエ団の傘下《さんか》にあるバレエ学校です。素晴らしい振付家やダンサーを数多く輩出《はいしゅつ》していることでも有名で、スターたちの息吹《いぶき》を間近に感じられる環境でバレエが学べるとあり、世界中の生徒たちの憧れの場所です。入学は十一歳から認められ、十一歳から十六歳までがロウアー・スクール、十六歳から十九歳までがアッパー・スクール、と分けられています。入学するには厳しいオーディションを通過しなければなりませんが、ローザンヌ国際バレエコンクールのパートナー校でもあるため、コンクールでスカラーシップをもらえば入学が許可されることから、多くの受賞者が、志望する留学先のひとつにこの学校の名前を挙げるようです。

英国ロイヤル・バレエ団には、母に日本公演に連れて行ってもらって以来、私も強い憧れを持っていました。

その学校で、自分がバレエを学べるなんて。

けれども希望に胸をふくらませ、大きな荷物を持ってはじめて降り立ったロンドン・ヒースロー空港の空は、思ったよりもどんよりとしていました。それはまるで、私の心のごくごく片隅にある、一抹《いちまつ》の不安を映し出しているかのようでした。

そして、その空の色が予感させた通りの、ロンドンでの生活がスタートしたのです。

憧れと劣等感――英国ロイヤル・バレエスクールでの生活

私が留学した当時は、バレエ団とバレエスクールが、同じ建物の中にありました。舞台で見た憧れのバレリーナたちと廊下ですれ違ったり、お稽古の様子を覗けたり、はじめは興奮の連続でした。しかも、もちろん勉強のためですが、生徒たちはバレエ団の公演を無料で観られることもあるのです。

しかし、いざ授業がはじまってみると、そんな浮かれた気分は一変します。

英国ロイヤル・バレエスクールの生徒たちの多くは、ロウアー・スクールからここで学んでいます。骨格・体型にはじまり、バレリーナに必要な身体条件を備えていますから、姿が美しい。コンクールの時、羨望のまなざしで見つめていたようなバレリーナの卵たちと毎日鏡の前に並ぶことに対して、劣等感を感じないわけにはいきません。さらに、常にライバルを意識し、競い合うようにして成長してきた人たちです。はっきりと自己主張する彼らの中で、満足に英語も話せない上に、当時日本人は私だけ……。

そんな孤独と不安の中、私を救ってくれたのも、同じクラスの仲間たちでした。初めての海外での一人暮らしは慣れないことの連続でしたが、学校でも私生活でも、うまく話せない私の面倒を見てくれ、あれこれ教えてもらえたのには本当に助けられました。

〝イタイ〟自分へまっしぐら⁉　西洋人変身計画

入学して間もなく、私は先生に呼び出されます。

「レッスンにはお化粧して出てください。人に見られることが職業となるのだから、いつも自分がきれいに見えるようにしなさい」

当時の日本（一九八〇年代）は、お化粧をして学校に行ったら〝不良〟と言われた時代。しかし周りの生徒たちは皆、朝からきれいにメイクをしてレッスンに参加しています。私も見よう見まねでメイクするのですが、お手本は彫《ほ》りの深い西洋人の顔。

幼い顔立ちの私がそれを真似ると濃い化粧になり、今考えると滑稽《こっけい》でした。舞台メイクではさらに苦労しました。周りに合わせると不自然なラインやシャドーが増え、表情がわからない、お面のような顔になってしまうのです。

体型の違いどころか、顔の骨格の違いにここまで打ちのめされるとは。

しかしある時、西洋人が東洋人に見せようとデフォルメした化粧をしているのを見て、私は気づきます。私はこれと全く同じことをしていたのだと。

体型も顔も、自分の持っているものを最大限に活《い》かすことが、その人なりの美しさへの近道なのだ、とわかったのです。それからは、周囲と比較して落ち込んだり、無理をすることが少なくなりました。

先生に意見するなんて⁉

生活習慣にも、学校の雰囲気や教え方にも、かなりの違いを感じた英国ですが、なかでも驚いたのは、生徒たちが、先生に何か指導されるたびに、「なぜ?」「どうして？」と繰り返し問い返すことでした。

それまで、先生の考えに意見などしてはいけないと思っていた私にとっては、驚きの光景です。時には、なぜそこまで食い下がるのか不思議に思うことすらありましたが、学校も指導者たちも、それを〝あるべきこと〟として受け止めていました。

先生や生徒といった立場をこえ、人間対人間として意見を戦わせるのは、ここでは当たり前。相手の言うことが納得できれば素直にそれを受け入れますし、納得できなければ「自分の考えはそうではない」とはっきり主張するのです。指導者が絶対、ということはありません。

自分の意見を持たず、盲目的に誰かに従うことは簡単です。軋轢《あつれき》もおこりません。でも、心から納得していないのに形だけ従うことが、果たして自分の成長につながるでしょうか？

誰が相手であっても物怖《ものお》じせず、自らが考え導きだした意見を述べる同級生たちの姿は、私にとって学ぶべきところの多いものでした。

時には、身体のいいなりになる

英国の生徒たちはテクニックを習得するのにまず頭で理解して、そこに身体を従わせます。このやり方には大きな戸惑いを感じました。

なぜなら私は、まずは身体でやってみる、ということが習慣になっていたからです。先に頭で理解しようとすると途端に身体が固まってしまう。身体のメカニズムを言葉で説明しようとすると、あまりに複雑に思えてきて、身体が素直に動かなくなってしまうのです。今でも時折そうなりますが、そういう時は意識をいったん解放するようにしています。意識をリセットすると、身体もニュートラルな状態に戻り、自然な動きを取り戻します。

頭が先か身体が先か——この違いを表すエピソードをひとつ。バレエ団の友達が次のように話したことがあります。

「私たちはピルエットを学ぶとき、まずクォーター（1／4回転）から始めるの。1

回転は1／4×4、2回転なら1／4×8、なんて考えてごらんなさいよ、3回転、ましてや4回転なんて絶対無理!!って思っちゃうわよね！」

正しい身体の使い方を身につけるためには、丁寧に1／4から、というのも大切ですし、日本でも最初はそのように教わりますが、それを実践する期間は案外短く、すぐに一回転、二回転と誰もが挑戦するようになります。日本人にピルエットが得意な人が多いのは、あれこれ考える以前に〝たくさん回れると楽しい〟から、〝まずは回ってみよう〟というチャレンジ精神が先行するからかもしれません。

どちらがよいのかは人それぞれでしょうが、どうも私は、まずは身体ありき、の方がうまくいくようです。

慣れない者同士、ゆっくりと

ロイヤル・バレエスクールには〝パ・ド・ドゥクラス〟というものがあります。パ・ド・ドゥは男性ダンサーと女性ダンサーがペアになって踊ることですが、日本にいた頃、実はこのパ・ド・ドゥがあまり得意ではありませんでした。初めてのパ・ド・ドゥは中学生の時。当時、日本のバレエ教室には男の子の生徒はほとんどいませんでしたから、相手をしてくださるのはプロの方々です。私の最初のパートナーは、東京バレエ団のトップとして活躍されていた夏山周久《なつやまちかひさ》先生でした。普段から男の子と接する機会もない上に相手は大先輩です。手をつなぐどころか目線を合わせるのすら恥ずかしくて、ずっと俯《うつむ》きながら踊っていました。『黒鳥のパ・ド・ドゥ』も踊りましたが、王子を誘惑するどころではありません。

バレエスクールに入って、まずは男の子が女の子と同じくらいいることに驚きました。

年齢も近く、技術のレベルも近く、お互い慣れていない者同士。ゆっくり上達を目指すことができたのは、英国に来たからこその大きな収穫でした。

ただし。

日本で相手をしてくださったプロの先生方の素晴らしいサポートに慣れていたので、クラスの男の子のあまりの下手さ加減に愕然《がくぜん》としたのは、今ではいい思い出です（笑）。

プロへの扉

私が在席したアッパー・スクールの最終学年の生徒には、エキストラとして、バレエ団の公演に参加する機会がありました。歴史あるロイヤル・オペラハウスのステージに、バレエ団のダンサーと共に立てるだけでも光栄なのに、出演料までもらえます。お客様を前にした本番の舞台ですから、失敗だけはできません。そのプレッシャーは、それまでに味わったことのないものでした。

そんなある日のこと。

「あらあら、そんな汚いトウシューズで本番の舞台に立ってたなんて……」

舞台を終えた後、先輩から嫌味ったらしく言われました。

一瞬ムッとしました。私には、汚くなるまで履き込んだトウシューズで本番に向かわねばならない理由があったからです。

バレリーナのレッグラインは、甲がぐっと前へ突き出るようにしなっていると、より長く、美しく見えます。西洋人には足首から先の可動域が広い人が多く、甲も出やすいのですが、残念ながら日本人の私はそうではない。ですから私は、足がしなりやすくなるまで履いて柔らかくしたトウシューズで舞台に立ちたかったのです。

あなたたちはもともと甲が出やすい骨格を持っているからいいわね、と思わず言いたくもなりましたが、でも。よくよく考えてみれば、華やかな衣裳にくたびれたトウシューズが果たしてふさわしいでしょうか？　私は自分をよく見せたいばかりに、全体の印象は無視して履きやすいトウシューズを選んでいたのです。

私たちの役目は、お客様に夢のような物語を届けること。

自分の見栄えより作品のこと、そして客席に伝わる印象を優先する、それがプロの仕事なのだ、と気づきました。

今ではピカピカのサテンのままにしたり、光沢《こうたく》のないマットの状態にしたり、役によって変化をつけています。

客観的に自分を見る、という訓練

アッパー・スクールの最終学年は、卒業クラスと呼ばれていました。

その名のとおり、卒業後の進路を視野に入れた人たちの集まるクラスだからです。周りの生徒たちはひとり、またひとりと将来の道を見つけていきました。ロイヤル・バレエ団に入団が決まった人、他のバレエ団のオーディションを受ける人、怪我であきらめる人、自分で自分の才能に見切りをつける人……。

日本では、誰でもバレエのレッスンを受けることができますが、英国では、バレエは職業として定着しているため、バレエ学校は稽古事に励《はげ》む場所ではありません。プロ養成を目的とした職業専門学校と捉えられています。そのため、たとえ入学しても、中には学校側から「バレエには向いていないから今のうちに他の道を見つけなさい」と告げられる人もいました。留学してわずか数カ月の間に、バレエ・ダンサーに突き付けられる厳しい現実を目《ま》の当たりにすることになったのです。

ですから、生徒たちも真剣です。

職業としてバレエを選択できないのなら、別の道を探さねばなりません。そのために必要なのは自分を冷静に客観視できること。「いつかは……」と夢を見ていれば何とかなる、そう甘いものではないのです。

そんなヒリヒリした空気を肌で感じながらも、私がのんびり構《かま》えていられたのは、一年の留学を終え日本に帰ったら、日本のバレエ団で踊るもの、と思っていたからです。同級生たちの苦労を切実にわが身に置き換えることなく、まさに他人事《ひとごと》としてぼんやり眺めていました。

栄養バランスは、心にまで影響する

同級生たちを他人事として眺めていられたのにはもうひとつ理由がありました。私は強いホームシックに陥《おちい》っていたのです。

その頃、私の体重はそれまでになく増えてしまっていました。ただでさえコンプレックスを感じていた私にとって、鏡に映る自分の姿はこの世の終わりのようにさえ感じられました。

原因は英国の食事がどうしても口に合わず、市販のビスケットなどでお腹を満たしていたこと。

食事は、身体だけでなく心の健康を保つためにも大切です。極端なダイエットや偏《かたよ》った食生活による栄養バランスの乱れは、体調ばかりか、精神面にまで影響します。心にハリがなくなり、自らを奮《ふる》い立たせるエネルギーが湧いてこないのです。

そうなると、もうネガティブな考えしか浮かびません。

ロンドンは、「ここでずっと踊っていたい！」と願えるような場所ではなくなっていました。天気が悪く、食事にもなじめない。肝心のバレエの方も、日本ではソリストや主役のバリエーションを練習していたのに、ここでは群舞ばかり。このままでは技術が衰え、進歩するどころか後戻りしてしまうのではないか――。

とにかく早く日本に帰りたい。

ロンドンは仮の居場所としか思えなかったのです。

運命に導かれて

そんな私に思いがけない転機が訪れます。

ある日、同級生の何人かと共に校長室へ呼ばれます。まだ英語力が十分ではなく最初何を言われているのかさっぱり理解できなかったのですが、それがサドラーズウェルズ・ロイヤルバレエ団（現バーミンガム・ロイヤルバレエ団）に入団が決まった、という話であることがわかりびっくり！　数日前にサドラーズの芸術監督のピーター・ライトが、オーディションを兼《か》ねてレッスンの見学に来ていたというのです。クラスメイトたちが緊張のあまりカチコチになって普段の力を出し切れない中で、状況をわかっておらずいつも通りに練習していた私がのびのびと踊っているように見えたのでしょう。

ただ当時は、前向きに判断を下せるような精神状態ではありませんでした。その場では「少し考えさせてください、日本の家族と相談したいので」と言ったと記憶しています。

日本にいる家族やバレエの先生方に伝えると、まずは先生たちが「素晴らしいチャンスだ」「英国で活躍する都を早く見たい」と喜んで下さり、そんな先生方の声に押されるように両親も「都が挑戦したいと思うのであれば、それでいい」と言います。さらには、同級生たちからたくさんのおめでとうの声……。

気がつけば、Ｙｅｓ、と答えていました。

人生を動かすほどの大きな決断でしたが、自分で考え抜いて出した結論ではなかったのです。しかし、それが私の運命だったのでしょう。

自分であれこれ考えていたら、不安の種を数え上げてひるんでしまったかもしれません。考えなかったことで、素直に流れに乗れたのです。

容姿に対する劣等感にはじまり、苦しんだことも多かった留学生活。途中でやめて日本に帰るという選択もないわけではありませんでした。けれどもそれをしなかったのは、ピアノの音に乗ってレッスンをしている間だけは不安から解放され、〝自分が生きている〟感じがしたから。その感覚に導かれるように、毎朝学校へ通うことができました。

ただ純粋に「好き」、その気持ちが、バレリーナの道へと導いてくれたのです。

第二章

「自分の居場所」を見つけるために

サドラーズウェルズ・ロイヤルバレエ団に入団して、
プロのダンサーとしての第一歩を踏みだしました。

個性的な人たちに揉まれながら、
プロとは何か、ということを探求模索する日々が始まりました。
それまで、ただ「バレエが好き」で踊っていたのが、
表現者とは何か、自分が踊ることの価値とは何か、を考えるようになりました。
それはまさに、自分の居場所を見つける旅でもありました。

新人ダンサーは新卒平社員

サドラーズウェルズ・ロイヤルバレエ団は英国王室から「ロイヤル」と名乗ることを許された由緒《ゆいしょ》あるバレエ団。ロンドンの北東部に位置するサドラーズウェルズ劇場を拠点にするこぢんまりとしたカンパニーで、英国ロイヤル・バレエ団とは姉妹のような関係でした。

サドラーズは、ツアーで国内外を移動しながら公演を行うことが多かったので、プロのスタートとしては、けっして楽な道ではありませんでした。

新人は、まずコール・ド・バレエ（群舞）からキャリアが始まります。サラリーマン社会にたとえれば新卒の平社員、といったところでしょうか。どんな社会でも同じだと思いますが、組織の中には階級や肩書があり、それぞれ求められる役割や責任の質が違います。平社員に該当する群舞のダンサーは、細々とした〝仕事〟をたくさんこなさなければならず、大忙しです。

まずはとにかく出番が多い。例えば『白鳥の湖』では、次から次へと展開する場面に合わせて、白鳥から宮廷の人々まで色々な役を踊りますから、全四幕、二時間半をこえる上演時間中は休む暇もありません。

主役を囲んで同じポーズのまま静止したり、整列してステップを繰り返したり、一《いっ》糸《し》乱れぬ動作で舞台の情景を盛り上げます。地味な役割ですが、群舞がいなくては物語のスケールが伝わりません。

ひとつの作品の公演中に、次の公演作品のリハーサルを並行して行うこともしょっちゅうで、流れや振り付けを覚えるだけで精一杯。

そんな調子ですから、一日のスケジュールもこの頃が一番過酷でした。例えば夜に公演のある日なら――朝はクラスレッスン、午後に次回作品のリハーサル、そして本番の準備をして舞台へ。終わって劇場を出る頃には十時を回り、帰って、シャワーを浴びて、寝て起きて、翌朝も朝からクラスレッスン……。さらにこの頃は水曜日、土曜日のマチネ（昼の公演）を含めて、週に八回の公演に出演していました。

バレエ以外のことは何もできず考えられず、まさに生活そのものがバレエでした。

トウシューズとプロとしての責任

そんな中で、私はまたしてもカルチャーショックを受けます。

それは、たとえ新米ダンサーであってもプロである以上、誰もが高い職業意識を持って舞台に向かっている、ということでした。

サドラーズでは、トウシューズが無料で支給されます。

トウシューズは、一か月に十何足も履きつぶしてしまうほどの消耗品です。しかも決して安くはありません。日本では苦労している先輩たちをたくさん見てきました。

だから私は素直に大喜び。しかし周りの団員には「プロとして当たり前。そんなことで喜ぶなんて……」とあきれられていました。

ヨーロッパのバレエ団では、シューズはもちろん舞台で使う化粧品や装飾品の類《たぐい》もすべてバレエ団から支給されるのが当たり前。リハーサルが長引けば残業手当が、ツアーに出れば出張手当がもらえます。退団すれば年金も。私たちは表現者であると同時に、〃バレエ・ダンサーという仕事〃をしているのです。これは、バレエ・ダンサーが職業として成立しづらい日本の環境とは、ずいぶん違います。

こんなこともありました。舞台でほつれた衣裳を自分で直していると、衣裳係の人に、「私の仕事を取らないで。あなたはあなたの仕事をしなさい」とたしなめられたのです。つまり、ダンサーは踊ることにだけ集中しなさい、私たちは、衣裳係としてのプロの誇りをかけて準備をしているのだから、ということです。

衣裳は舞台の美術のひとつです。それを素人《しろうと》が触るなんてもってのほか。今振り返ると、私はなんと恐ろしいことをしたのだろうと、ぞっとします。ダンサーと衣裳係に限らず、それぞれがプライドを持ってそれぞれの仕事に臨むからこそ、よい舞台が完成するのです。

手厚く保障されているのはとてもありがたいことですが、その分責任は重大。ここではじめて履いた時はただただ嬉しくてわくわくしたトウシューズですが、許された者だけが履くことのできるもの、という認識に変わりました。

プロとして舞台に立つことの、責任の大きさを思い知った瞬間でもありました。

自己管理も仕事のうち

入団して半年ほど経った時のこと。

私にチャンスが巡ってきました。『スケートをする人々』という作品の、ソリストが踊る〝ブルーガールズ〟の役をいただいたのです。バレエ団の芸術監督にとって、若手を育てるのは大切な仕事のひとつ。ですから、若手の実力や伸びしろを確認するために、こうしたチャンスを作ってくれます。

ところが私は、タイミング悪く足首を怪我してしまいます。仕方なく初めての大役をあきらめ、治療と休養に専念することになりました。

チャンスを棒に振ったのですから、当然のように落ち込みます。そして、自分の居場所がなくなるのではないかと焦り、回復の兆《きざ》しが見えると無理をしてでも踊りの現場に戻ろうとしました。すると、たちまち調子が悪くなり治療生活に逆戻り。そういうことを数回繰り返しました。

そんな私を芸術監督のピーター・ライトはただ黙って見守ってくれました。もしも「早く治して戻ってきなさい」、「頑張りなさい」などと言われたら、それがプレッシャーになり、焦ってもっと悪い事態を招いたかもしれません。そっとしておいていただけたことが、とてもありがたく感じられました。

治療に専念することは、プロの仕事のひとつです。その証拠にバレエ団は、怪我の治療で舞台を休んでいても、その間のお給料を保証してくれます。

一般的な会社組織でも、同じような制度がありますね。この保証は、組織の一員としての権利でもあり、また最高のパフォーマンスをするという責任でもある。どこの世界でも同じなのです。

この怪我以降、自己管理には細心の注意を払うようになりました。裏を返せばバレエ団のためによいコンディションを保てなければ、いつクビになってもおかしくはないのです。

期待に応える喜び

「降板したリャーンの代わりに、主役を踊ってくれないか」

芸術監督ピーター・ライトのオフィスに呼ばれ、そう告げられた時は天にも昇る気持ちになりました。しかしすぐに、あまりにも時間がないことに気づき、不安でいっぱいになりました。

サドラーズに入って二年目、プリンシパルのリャーン・ベンジャミンが怪我をして『白鳥の湖』の舞台を降りることになった時のことです。

当時、私はまだ群舞の一員。それがいきなり主役を踊るわけですから、大変です。舞台に立つ者のひとりとして主役の踊りを見ていたので、振付の流れは頭に入っていましたが、いざ踊るとなると話は別です。当たり前ですが、これまで全幕作品の主役を踊った経験はない。しかしそんな言い訳は通用しない。とにかく集中して振付を身体に叩き込んでやり遂《と》げるしかありません。先生や先輩方も温かく応援してくれ、新人のデビューを盛り立ててくださいました。

本番のことは途中から覚えていません。とにかく必死で、なんとか踊り終えて楽屋に戻った時には、メイクも落とせずシャワーも浴びることができないほどに、ふらふらでした。ただ、全力を出し切った、というある種の達成感は感じていました。

後から振り返れば、まだまだ、と思えるところもあったのですが、ピーターから「よくやった」と褒められたのが何より嬉しかった。

ひとつハードルを越えた気持ちになりました。

自分を見つめる

幸運にも、この舞台をきっかけに全幕作品の主役をいただけるようになりました。

バレエ・ダンサーの階級は、コール・ド・バレエ、ファースト・アーティスト、ソリスト、ファースト・ソリスト、そしてプリンシパルと上がっていきますが、コール・ド・バレエだった私も、この頃には徐々に昇格させてもらってもいました。

ところが。

さすが演劇の国だけあり、表現の在り方を重視するのが英国のバレエ団の特徴のひとつなのですが、私にはどう〝表現〟したらいいのかが、全《まった》くわからなかったのです。

さまざまな作品にチャレンジできるのはとても喜ばしいことでしたが、日本で、技術を磨くことがバレエ、と思い込んでいた私にとっては、出口の見えないトンネルに入ったような感じでもありました。「ミヤコ。あなたの表現したいことは何？」と繰り返し繰り返し問いをぶつけられますが、考えれば考えるほど、正解がわからなくなる。けれども舞台のスケジュールは次から次へと決まります。逃げ出すこともできずにもがき苦しみながら忙しく本番を重ねるうち、少しずつ自分がどうしたいのかわかってきました。

あちらでは誰ひとりとして同じ表現をしている人はいないのです。わざと人と違うようにやっているのかしら、と思うくらいに。

私もその役になり切ってストーリーの中のさまざまな状況に自分を置いてみると、自然と〝自分ならこう思う、こう行動する〟〝私はこう踊りたい、こう表現したい〟という考えが浮かぶようになってきました。それが〝役と遊ぶ〟ということなのかと気づくと、可能性が広がるような気がして、どんどんのめりこんでいきました。

必死で作品と役についていかなければならないという、追いつめられた気持ちの日々。バレエマスターやミストレス（リハーサルの現場を仕切る先生のこと）に助けられながらも、誰かに頼るのではなく、自分を見つめ、自分と対話し、自分なりの方法を探すことができたような気がします。

こうして自分、というものが少しずつわかってくる中で、サドラーズでの仕事も人間関係も、どんどんスムーズになっていきました。

慣れることの怖さ

『白鳥の湖』は今も昔も、私にとって大きな作品です。

リャーンの代役としてチャンスをいただけたことは私の転機にもなりましたが、もうひとつ忘れられない体験があります。

サドラーズで主役を踊るようになってしばらく経った頃の話です。

香港公演で、何度目かの『白鳥の湖』を踊る機会が巡ってきました。主役を踊ることにもだいぶ慣れ、初めての時に比べたら、幾分リラックスして踊れるようにはなっていました。

それが油断につながったのでしょうか。

ピーター・ライトから「表現が伴っていない！」と厳しい言葉をいただいたのです。ショックでした。

若かった私は自尊心を大いに傷つけられ、「ピーターはきっと私が嫌いなのだ」と被害妄想に陥りました。まだまだ幼く、指摘やアドバイスを相手からの否定としか受け取れなかったのです。

今なら、

「指摘は否定ではなく、進歩するための課題なのよ」と当時の自分に言ってあげたい。期待し、見込みがあるからこそ、厳しい言葉もかけるのです。

プリンシパルの責任

苦い経験をしたその翌年、サドラーズに入って五年目の二十二歳の時、プリンシパルへの昇格を告げられました。

「次はあの役が欲しい」「早くプリンシパルになりたい」などと思うことなく、その時々で自分にできることを精一杯やって、目の前にやってきた波に身体を委《ゆだ》ねていたらこうなった、というのが正直なところです。

同じ主役を踊るにも、ソリストとプリンシパルでは周りの反応が違います。ソリストのときは「よくやった、頑張った」と褒めていただけたことも、プリンシパルとなれば完璧に踊れて当たり前。さらに〝プラスアルファの働き〟を期待されるのです。

プリンシパルに昇格してからは初日にキャスティングされることが多くなり、これまでよりずっと重い責任を負うようになりました。なぜなら、初日の評判は、その後のチケットの売れ行きに影響するからです。

英国では初日の翌日の新聞などに公演評が掲載され、それを読んでチケット購入を決める人が多く、評判が悪いとその後の客足が遠のくおそれがあります。

英国に限らずヨーロッパの観客ははっきりしています。つまらない舞台にはブーイングが飛びますし、上演中平気で席を立つ人もいます。たとえそこまでされなくても、舞台に立っていると、観客の反応はひしひしと感じられるものです。

しかし、こうした反応があるから、ダンサーや芸術家が磨かれ、育つのもまた事実。観客と演者が互いにしのぎを削りあっているとでもいえばよいでしょうか。

他人の評価に振り回されない

批評家たちが集まる初日には、ふだんの客席にはない、特有の緊張感が流れています。

またヨーロッパのバレエカンパニーの多くは公的機関から資金の援助を受けていますから、より批判を受けやすいという事情もあります。

私は「あなたの評論記事が新聞に出ているよ」と聞かされても、それが良いものであれ悪いものであれ、すぐ入手しようとはしませんでした。そんなことにエネルギーを使うより、他にすべきことがあるのではないか、と思っていたからです。

おかげで、マイペースに踊り続けることができました。

もちろん評論をチェックして、励《はげ》みにしたり戒《いまし》めにする場合もあります。ただ怖いのは、それに振り回され、自分を見失ってしまうこと。人の意見なんていろいろあって当たり前。受け流せたら気持ちも楽になりますね。

人目に晒《さら》される宿命を背負った以上、ある種の図太さは必要かもしれません。

枠があるから、遊べる

バレエ作品の多くは、百年もの歴史を超えて踊り継がれています。『白鳥の湖』や『眠れる森の美女』のような人気作品ともなれば、毎年のように繰り返し踊ることもあります。

だからでしょう、「同じ作品を踊っていると、飽きませんか?」とよく訊《き》かれます。

答えは「ノー」。

決められた枠があるからこそ踊り手の表現力がものを言い、毎回新しい発見があるからこそ違う表現が生まれるのが面白く、やりがいがあると答えています。同じストーリー、役柄でも、昨日の私と今日の私とでは、違うものになる。そこが、生身の人間が演じるがゆえの面白さとも言えます。

そしてバレエなどの舞踊は言葉を使った表現ではないからこそ、受け手の感性に委ねられる部分が大きいのも魅力です。芸術は、正しい/正しくない、良い/悪い、という評価基準ではなく、自分の心をどれだけ動かしてくれるかがポイントなのではないでしょうか。それを〝感動〟と言うのでしょう。

一方でバレエには厳格な〝ポジション〟があります。つまり、決まった型があるのに、決して同じにはならない。そこに、人間の可能性や豊かさを感じませんか? 演じる側としても、正解がないからこそ〝役と遊ぶ〟自由を与えられていることに気づかされます。すべてがフリーなわけではなく、〝枠〟が決められているからこそ、枠のとらえ方・超え方を通して個性が育《はぐく》まれる。枠というのは、人を閉じ込めたり縛り付けたりするものではなく、さらなる挑戦を引き出す魔法のようなもの。枠は、同じ作品を繰り返すごとに、新しい発見をもたらしてくれます。

歴代のスターバレリーナたちが古典作品の中に永遠の課題を見出していたのにも、そんな理由があるのでしょう。

環境は人を育てる

一九九〇年、文化事業に力を入れていたバーミンガム市がバレエ団の本拠地として劇場を提供してくれることになりました。バレエ団の名前も『バーミンガム・ロイヤルバレエ団』と改められ、バーミンガムへ引っ越すことになりました。

バーミンガムはロンドンの北西にある英国第二の工業都市ですが、文化・芸術にも力を入れています。とりわけ、サイモン・ラトルが指揮していたバーミンガム市交響楽団は、世界的にも高く評価されていました。

だからでしょうか、街の人たちも芸術に関心が高く、そうした空気が私を自然と磨いてくれました。

バレエは、舞台芸術です。

舞台に立つ人間そのものにも、芸術性が必要です。ですからバレエの訓練だけをやっていればよいわけではなく、バレエを離れた時間をどう過ごすかということも大切になります。バレエは身体で表現する芸術なのだから見た目がきれいならばそれでよい、と思われるかもしれません。しかし、その身体を動かすものは心、センス、感覚です。どんなに美しい衣裳を着てスポットライトの中に立ったとしても、踊り手の普段の生活や内面まで、すべてがさらけ出されてしまうような怖さが舞台にはあります。

舞台を離れた時間も、自分が本当に好きなもの、美しいと思うものに触れる。心からくつろげて、五感に響くものに囲まれて過ごす――。贅沢をするのがいい、と言っているわけではありません。お金をかけたからといって必ずしも心が満たされるものではありませんから。

バレエの公演に足を運んでくださる方はきっと、非日常的な美しさに触れて、五感を満たそうとされているのだと思います。ですから私たちも、日ごろから自分の感性に潤《うるお》いを与えてあげることが必要なのです。

心が身体を動かす

素晴らしい表現に出合うと、それを真似したくなる気持ちは起こるものです。しかし忘れてはいけないのは、他人の表現はあくまで他人のものである、ということ。大切なのは〝心が身体をどう動かしているのか〟。つまり内側からの表現、その人ならではの表現です。

それに気づけず、動きをただ外側から真似ているだけでは、感情のないロボットのように見えてしまうかもしれません。

作品を覚えるとき、既存の映像から〝振りうつし〟をする場合もありますが、ただ表面をなぞるだけでは大切なことを見落としてしまいます。視覚だけでは、表面的な情報を受け取るのみです。

映像に頼らず、指導者からダンサー、生徒へと、身体を通して動きや表現が伝えられることは大切です。直接的なやり取りの中で、本質が的確に伝わります。

教科書をただ読んで記憶するのと、先生がそこにいて、背後関係も含め大切なことを強調しながら伝えてもらえるのとでは、心に入ってくる情報の質が違うのと同じ。同じ〝覚える〟でも、単なる丸暗記と、コミュニケーションの中で思考をやりとりしながら吸収することには大きな違いがあります。

四十年以上の年月をバレエに費やしている私ですが、今でも、振付家やミストレスから指導を受ける時間を大切にしています。少しでも多くのことを互いの存在を通して吸収し、それを消化して自分のものとし、人の心を動かす表現につなげていきたいと思うからです。

第三章

ライバルは、自分

新しい環境に飛び込む時は、誰でも希望と不安の板挟みになります。
期待に胸を膨らませていたのに、今までのやり方が通じなかったり、
必要以上に緊張してしまったり、うまくいかないことが続くかもしれません。
英国ロイヤル・バレエ団に移籍した当初の私もそうでした。

そんな時私を強くしてくれたのは、
もっとうまくなりたい、表現の幅を広げたい、というバレエに対する想い。
もしも〝プリンシパル〟というプライドにしがみついていたら、
大切なことを見失っていたかもしれません。

自信は、自分の足りないところを補う努力から育ちます。
自分を客観視し努力を重ねることで、自信を持ち、さらに成長できるのです。

立場により、周囲の対応は変化する

一九九五年、二十九歳の時、大きな転機が訪れました。英国ロイヤル・バレエ団へ、プリンシパルとして移籍することになったのです。

その頃、私は新たなチャレンジを求めていました。バーミンガムの居心地がよすぎたのです。のびのびと踊れることは幸せでしたが、同じところに留まっているようで、どうにかして前進したいという焦りのような気持ちを感じていました。

違うスタイルの踊りに挑戦し、踊りの幅を広げてもみたかったので、アメリカのバレエ団への移籍なども視野に入れていました。

ちょうどピーター・ライトが定年退職を迎えようとしており、自分がここを離れるにはよいタイミングだと思いました。それをピーターに正直に打ち明けると、ピーターは「海外に行かなくても、まだ英国でできることがあるのでは？」と、英国ロイヤル・バレエ団の芸術監督、アンソニー・ダウエルに、私を推薦してくれたのです。

英国ロイヤル・バレエ団は、私の大好きな古典作品のレパートリーを数多く持っています。また、何度かゲスト主演しているから雰囲気を知らないわけではない。いい機会かもしれない、と移籍を決断しました。けれども、自分があの大きな集団の中で上手くやっていくことができるかどうか、不安もありました。

その不安は見事的中。

ゲストと団員とでは、周囲の受け入れ方は全く違うもので、入団してみると想像以上に厳しい現実が待っていました。

一〇〇名ほどいるダンサーの中で、女性でプリンシパルになれるのは六〜八人。しかも団員のほとんどはロイヤル・バレエスクールからライバルと競い合って入団してきた人たち。私もバレエスクールからバレエ団に入っていたら、同じように群舞から競争社会を勝ち進まなければならなかったはずです。そこへ〝プリンシパル〟の肩書のまま横から入ってくるわけですから、彼らにとって面白くない存在なのは当たり前。〝ゲスト〟はライバルにはならないけれど、団員となると――、立場によって周囲の対応はここまで変わるのだと思い知らされました。

理不尽はつきもの。それに心を奪われない

英国ロイヤル・バレエ団は、アットホームだったバーミンガムに比べて、スケールの大きなバレエ団です。バレエ団が本拠地とする、ロンドンのコヴェント・ガーデンにあるロイヤル・オペラハウスは、とても美しい劇場ですが、人の出入りが激しく、いつもごった返していました。たくさんの作品が上演されますから、ダンサー、ゲスト・ダンサー、スタッフ含め、多くの人たちが入り乱れます。事務所も個々のダンサーのスケジュールをすべて把握しきれていません。海外公演で留守になるとさんざん伝えていたはずなのに、その最中にリハーサルの予定を入れられていたこともありました。

でも、そんなことにいちいち腹を立てたり、くじけていたのでは踊りに集中できません。これはシステムの違いなのだと自分に言い聞かせ、慣れることにしました。

一番緊張したのは、踊っている私を探るように見る、ダンサーたちの視線。私が移

籍したのと入れ替わるように、バレエ団を去ったプリンシパルがいたのです。その人を惜しむ友人たちの視線、自分のチャンスを横取りされたと感じたソリストたちの視線……それらが私を責めるように突き刺さってくるのを感じました。

私のせいではないと頭ではわかりながらも、肩身の狭い、心苦しい思いをしていました。

だから余計に、「しっかりやらねば」と気負わずにはいられませんでした。

集団内での評価に一喜一憂しない

ダンサーという職業は評価がとても曖昧《あいまい》です。

英国ロイヤル・バレエ団ともなると、群舞を踊る人たちのレベルも非常に高い。ソリストになれば主役の代役を務めることもあるので、チャンスを狙うダンサーが自分の出番を待っています。

しかし、どんなに優《すぐ》れたダンサーでも、監督のイメージする役に合わなかったら出番はありません。それは努力ではどうにもならない、算数のようにはっきりとした正解がない世界です。

だから、横一列で優劣を競い合ってもむなしいのです。

ひょっとするとこれはバレエ団に限らずあらゆる組織、集団の中にも共通することなのかもしれません。

自分にスポットライトが当たらないのは、自分のせいではなく時の運もある、と思えば、自分を否定せず、ただ実直に、自分の仕事を研《と》ぎ澄ますことに集中できるのではないでしょうか。

他者からの評価ばかりを気にするのは、エネルギーの無駄使いかもしれませんね。

組織とのよい関係を築くきっかけになった小さな〝自己主張〟

英国ロイヤル・バレエ団に移籍して間もないタイミングで、『白鳥の湖』の上演が決まりました。

『白鳥の湖』は何度も踊ってきた作品ですが、それまでバーミンガムで踊ってきたピーター・ライト版と、英国ロイヤル・バレエ団のアンソニー・ダウエル版とでは細かいところが違います。

一番戸惑ったのは、表現方法でした。ピーター・ライト版に慣れていた私がアンソニー・ダウエル版を踊ると、何をやっても指導者からは「ノー」の言葉だけ……主役として物語を引っ張るにはどういう風に演じたらよいのか迷いながら、リハーサル、本番と続いていく日々は精神的にとても厳しく、自分がやってきたことが信じられなくなっていました。

もうひとつ気になることがありました。『白鳥の湖』では全身白のクラシック・チュチュ（ビスチェに円盤形のスカートがついたもの）に、頭飾りをつけるのですが、ダウエル版の頭飾りの形が私にはどうしても似合いません。デザイナーを尊重し、何年も我慢していましたが、ただでさえ自信が持てなくなっているところに、見た目も納得できないのでは踊れない、と徐々に追いつめられていました。そこで、思いきって頭飾りをタイトなデザインに変更できないか芸術監督に直談判《じかだんぱん》しました。理由を聞くと監督は納得。心配事のひとつを取り除けたことが、私を一歩前進させました。

コミュニケーションがうまくいくと、芸術監督やスタッフへの信頼感も増します。組織とよい関係を築くには、誠意をもって自分の意思を伝えることも大切です。意思が伝われば、組織のためにもっと頑張ろう、と、前向きな気持ちになります。気が付けば、その後周りも皆、私と同じ頭飾りを選ぶようになりました。そうした結果に背中を押され、自己主張の大切さをしみじみ感じました。

プリンシパルはワガママ⁉

その時代の英国ロイヤル・バレエ団には、個性的なスターが勢ぞろい。シルヴィ・ギエムを筆頭に、ヴィヴィアナ・デュランテ、ダーシー・バッセル、サラ・ウィルドー、リャーン・ベンジャミン……。それぞれ強いこだわりの持ち主で、レッスンへの取り組み方も情熱的です。

ツワモノともなると、ルールを完全に無視して自分の都合を優先させようとします。あるプリンシパルが、リハーサルで、自分が気になる場面を何度も何度も繰り返させたため、他のダンサーのリハーサル時間がなくなったこともありました。

一番驚いたのは、フィジオ（治療室）の予約を下の階級の子から奪い取るプリンシパルがいたこと。〝ワガママ〟と言われても仕方のないようなふるまいに、びっくりするやら怖いやら。

こんな環境の中で果たして私は生きていけるのだろうかと不安で仕方ありませんでした。

主張と責任

ほどなくして、プリンシパルはよい意味で〝自己中心的〟でないと務まらない、ということに気づきます。そうした振る舞いには理由があるとわかってきたのです。

普段は自分を優先しているプリンシパルでも、いざ舞台に向かうとなると周りのダンサーにも気を遣い、一緒に頑張ろうと声をかけたりします。すると緊張感の中にも強い結束力が生まれます。

彼女たちの自己主張は、舞台をよくするために行われているのです。自分をベストコンディションに保ち、自信を持って主役を務めることではじめて、よい舞台を創りあげることができるのです。

コンディションが不安定なために周囲からそっぽを向かれ、まとまりのない舞台にしてしまうプリンシパルもいました。これではバレエ団によい結果をもたらさないばかりか、本人も非常に苦しい立場に追いやられます。

だから、自分で自分を守る、のです。

それは自分の権威を見せつけたいという顕示欲《けんじよく》やワガママとは一線を画するもの。さらにそれが〝結果を出す〟という目的のために行われているのであれば、創造的な自己主張として、周囲も認めざるを得ないのです。

コンプレックスのプラスの効果

では、ロイヤルのプリンシパルたちが皆いつも自信満々だったかというと、そうではありません。たとえ人前でそのように振る舞っていたとしても、それぞれに悩みやコンプレックスを抱えながら、それをコントロールしていたのです。

それに気づいたとき、ああ、私からすれば完璧に思える人たちにも悩みはあったのだ……と少し救われたような気持ちになりました。

一方で、努力をしなくても一定のレベルまで達してしまえるような、恵まれた身体と生まれ持った資質のある人がいます。しかし、そういう人に限って、ある時点から伸び止まってしまうことがあるのです。そして勿体《もったい》ないことに、あっさりあきらめて舞台を去っていくのです。

コンプレックスを持つ人は、欠点を補うために努力と研究を重ね、自分を客観視します。

英国ロイヤル・バレエ団のエドワード・ワトソンはそのよい例。彼はあることがきっかけで、パ・ド・ドゥに苦手意識を持っていました。けれども人一倍努力家で、どんな時でもレッスンに真摯《しんし》に、情熱的に取り組んでいました。そうして長い時間をかけて苦手意識を克服、ついには幅広いタイプのプリンシパルと組めるまでに成長し、今では個性を活かした彼ならではのキャラクターを演じています。

人間は〝自分はできている〟と思うと、そこで成長が止まってしまう生き物なのでしょう。けれども、まだまだ、と思うと自分の欠点を見つけ出しそれをなんとか改善しようと努力します。

頂点であるプリンシパル、という肩書を授《さず》かったからといって変化や進化をやめてしまったのでは、お客様に新たな感動を届け続けることはできません。つまり、常に自分を修正し続ける努力が必要なのです。

コンプレックスは高く飛躍するためのバネ。それを持っている人は成長する可能性を秘めています。

美しさは努力が伴ってこそ、輝きをまとう

ダンサーとしてとても恵まれていて、なおかつその先へと成長し続ける人。そのひとりが、ボリショイ・バレエ団のプリンシパル、スヴェトラーナ・ザハロワです。彼女の舞台を観ているとその健気《けなげ》さに、涙がこみ上げてくるほどです……美しく、バレエ向きな身体を与えられているだけに、さぞ苦労しただろうと。

彼女の足は、見るからにトウシューズを履いて立つために生まれてきたような形をしています。努力しなくてもトウシューズを美しく履きこなせるはず、と誤解されることもあるかもしれません。

しかしザハロワの踊りを見れば、彼女が相当な努力をしていることが想像されます。脚の細かな筋肉を使った、丁寧《ていねい》なホップやジャンプ、ピルエット——。あんなに恵まれた身体を与えられていても、それに甘んじることなく、わずかな一瞬の動きのために毎日毎日地道な稽古を積み重ねているのだということが、同じバレリーナだからこ

そわかる。いえ、バレエの知識が全くなかったとしても、伝わることでしょう。

天才肌でありながら、その上にさらに努力を重ねられるという人は、なかなかいません。心から彼女を尊敬しています。

今までの自分に寄りかからない

恵まれている人、のウィークポイントは〝今までの自分につい寄りかかってしまう〟ことだと思います。

時間をかけて努力することなくすんなり出来てしまうと、経験不足・研究不足になってしまいます。若く、体力のあるうちはそれでもなんとかなります。しかし年齢を重ねてもなお過去の経験を頼りにしていると、変化する自分を受け入れられず、どうしてよいかわからなくなるでしょう。

うまくいかないときは自分を変えることで答えが得られます。

昨日の自分と今日の自分が違うのは当たり前。しかしそれに気づけるのは自分だけ。

誰かが見つけてくれるものではありません。

常に先頭を走ってきた、そうしたプライドが、かえって軌道修正の妨《さまた》げとなる場合もあります。

プロの世界で踊り続けるには、変化する自分をいかにコントロールできるかが大切です。さらには協調性、パートナーシップなどさまざまな要素が求められますから、人間としても成熟していかねばなりません。

変化を受け入れるから進化する。

あらゆる場面において、大切ですね。

怖さとの向き合い方

本番前はいつも緊張します。公演一週間前くらいになると、じわじわプレッシャーが高まり始めます。しかし本番は必ずやってきます。その時ばかりは逃げられない、腹をくくるしかないのです。

プレッシャーが高まる時は、とかくネガティブに考えすぎている場合が多いもの。重要な仕事の前とか、試験の前がそうでしょう。なぜか、失敗してしまう、不合格になってしまう、そんな未来ばかり想像していませんか？

思考がネガティブになり気持ちがブレると、身体の軸がブレます。心と身体は面白いほど深くつながっているのです。

怖いと感じると、身体が反応し、失敗してしまいます。普段はすんなりできることにも躓《つまづ》いてしまいます。でも怖いものは怖い……。

そんな時私は、怖いという自分の気持ちをとことん見つめ、とことん向き合い、怖さをじっくり味わい尽くします。そうしてから、よいイメージに持っていきます。私にとっては、例えば〝笑顔でいっぱいのカーテンコール〟。

そして、不安な時ほど〝笑顔でいっぱいのカーテンコール〟をイメージして舞台に臨みます。

〝できない〟ではなく〝できる〟と信じる。

できないかもしれない、と考えないのです。

ストレスの効用

プレッシャーはストレスの原因です。

そして、過度のストレスから体調を崩すことはあります。悲しいことに、そのために舞台を去っていった仲間たちもいました。

でも、ストレスを感じない日常など果たしてあるでしょうか。

適度なストレスはエネルギー源にもなります。乗り越えてみせる。そう思って頑張ったことが、思いがけない大きな成果を生むことだってあります。

どんなに厳しいリハーサルを重ねても、逃げ出したくなるような気持で本番に臨むこともありますが、お客様から温かい拍手をいただくと緊張から解放され心が満たされます。カーテンコールの拍手に勝《まさ》る幸せはありません。

とはいえ、いつも緊張していたのでは心身が持ちませんね。ですから私は、ひとつの舞台が終わったら、いったん緊張をゆるめ、また次のリハーサルに臨む……というように〝波〟をつくります。たとえ短い時間ではあっても、美味しいものをお腹いっぱい食べたり、時には友人と飲み明かしたり、心が休まる風景を見に行ったりと、気持ちをリフレッシュさせるようにしています。

人間はノーストレスの環境に置かれると弱って死んでしまう、という説もあるようです。ストレスは悪い面ばかりではないのです。ストレスとうまく付き合って、ストレスに後押しされて得たご褒美は、宝物です。

他人と比べることに意味はない

他のバレリーナでライバル意識を感じる人は、今も昔も、いません。と言うと偉そうに聞こえるかも知れませんが、英国にいた頃は周りが素晴らしいバレリーナばかりでしたから、とてもじゃありませんが彼女たちがライバルだなんて思えませんでした。

シルヴィ・ギエムは私と同年代ですが、ご存知の通り一〇〇年にひとりと称されるバレリーナ。そんな彼女と同じ作品を踊るわけです。彼女が踊った翌日に私が踊ることもたびたびありましたから、そこで評価を気にしたり比べたりしていたらこちらの精神が持ちません。私は私の表現をただ誠実に、心を込めて観客の皆様に届けることに集中しました。

ダーシー・バッセルとは楽屋を共有していて、とても気の合う間柄でした。ゆるぎない技術と大胆な表現力を持ち合わせた、優しくユーモラスな女性です。彼女は幸せな家庭を築いていて、女性としても、とても羨ましく思っていました。踊りのタイプが私とは真逆でしたから、同じ作品を踊る時には、互いの足りない部分を補いあうように情報交換をするなど、よい関係が築けていました。

ライバルは、自分

他人よりも誰よりも、いちばん怖いのは自分自身です。

不安、緊張、嫉妬、言い訳——。

ネガティブな感情にとらわれてしまうことは誰にでもありますが、振り返ってみるとそれは大抵、心が弱っている時です。

マイナスの感情に負けると、怠けたり、あきらめたりして可能性の道を閉ざしてしまう、それがいちばん怖い。

若い頃『ロミオとジュリエット』のようなドラマティックな主人公を演じるのが苦手でした。もともと積極的に自分の感情を出せる性格ではありませんでしたから、大げさな感情表現が恥ずかしかったのです。初めてこの作品を踊った時は〝どうしても主人公の気持ちになれない、理解できない〟と思ったものですが、それまで自分が大切にしてきたテクニックとは違うものを要求されていたため、正面から立ち向かうのが怖かったのでしょう。だから「主人公の感情が理解できない」と言い訳をし、逃げていたのです。

自分の心を鍛える方法は、自分の心と正直に向き合うことだと思います。時には誰かに相談したり助けを求めたりすることも必要ですが、どんなに素晴らしい指導やアドバイスを貰ったとしても、自分から何かをしようと思わなければ、何も変わらないのです。

第四章

補い合い、引き出し合う関係

どんなに能力が高い立派な人であったとしても、
ひとりでは決して作れないものがあります。
人が協力し合うことでしか生まれないものがあります。
舞台芸術はまさにそうした力の結集により創られる世界です。
バレエ団の一員として踊る中で、私はそのことを強く実感しました。
一人ひとりが自立した集団は、高いパフォーマンスを発揮します。
ひとりが万能である必要はありません。
自分の得意なところを伸ばし、
他者と補い合いながら、よりよいものを生み出していくのです。

一＋一＝無限大、これがパ・ド・ドゥの魅力

さまざまなテクニックを織り交ぜながら男女がペアで踊るパ・ド・ドゥは、バレエの見どころのひとつです。

高々と女性を持ち上げる男性ダンサーを見て、なんて力持ちなのだろう、と思われるでしょう。しかし、力だけで持ち上げているのではありません。力よりも大切なのは、タイミングや呼吸を合わせることです。

ジャンプの時ま、こちらの身体が空中に上がろうとするタイミングと相手のサポートがぴったり合えば、身体はふわりと宙に浮きます。ひとりでは決して届かない高みへ身体が届きます。ふたりで表現すると重力にも勝てる。ファンタジーが生まれます。

支えられる側である女性も、相手に任せっぱなしにしないこと。作品にもよりますが、サポートしてくれる男性に対して完全に体重を預けてしまわず、身体を〝まとめて〟おきます。

そして、相手を信じる勇気。

アクロバティックな技は、大きな怪我につながることもあり、不安にもなりますが、それにとらわれてしまうと表現も身体も硬くなって、かえってタイミングが合わなくなってしまいます。ここは相手を信じるしかありません。

この自立と信頼の関係が上手くいった時、すばらしいパ・ド・ドゥが成立します。

互いに支え合うことで芸術的な表現の数々が生まれます。

なんだか、人生におけるパートナーシップにも似ている気がします。

頼もしいパートナー

よいパートナーとは、と尋ねられたら、今は〝相手に不安を持たせない人〟〝気負わず協力し合える人〟と答えます。

なかには〝ナチュラル・パートナー〟と呼びたくなるような、最初から自然に息の合う人もいます。バレエスクールの同級生であり、サドラーズからバーミンガム時代まで、長く共に踊ったケヴィン・オヘアは、まさにナチュラル・パートナー。とても気の合う友人でもあります。彼と一緒にいてなにか問題を感じたことは一度もありません。

ジョナサン・コープとはかなり身長差がありましたが、彼の長い手足で作られた空間の中で演技していると、思い切って大きく動くことができ、頼もしかった。

イレク・ムハメドフは元ボリショイ・バレエ団の大スターであるにもかかわらず気さくで、上手くいかないことがあっても「大丈夫、僕が君に合わせるから」とやさしくフォローしてくれました。信頼して、大きな技に挑《いど》むことができました。

フェデリコ・ボネッリの、細やかな気遣いに満ちたサポートにも強い信頼感を覚えました。彼はいつも明るいムードメーカーで、一緒に踊るうちに、できないと思っていたことまでできてしまうような、そんな力が湧いてきます。

舞台でのパートナーシップを越え、プライベートでもカップルになるダンサーはたくさんいます。舞台での信頼関係において大事なことは、そのまま、私生活にも当てはまるからかもしれません。

大切なのは、思いやり

一方で、どうしても難しい相手もいます。私の場合は主にパ・ド・ドゥにおいてですが、普通の人間関係の中にも似たようなことはあるでしょう。

自分のことしか考えられない人とコミュニケーションするのは難しい。

パ・ド・ドゥの形式は、まず二人が踊り、続いて男性のソロ、女性のソロ、最後に再び二人で踊る〝コーダ〟という流れが一般的ですが、自分のソロに備えて体力を消耗しないように、心もとないサポートをする人がいます。こちらも不安になってきますし、わずか数ミリのバランスの乱れでも腰や脚に響くのです。

ロイヤルで踊って何年か経ったある時のこと、そろそろ後輩のために一肌脱ごうか、と若手プリンシパルの相手役を買って出ました。今までたくさんの先輩たちに教えられ、助けられてきたのだから、私も次世代のために働かなくては、と思いはじめた頃でした。

しかし彼は、ひとりで踊る分には素晴らしいダンサーだというのに、パ・ド・ドゥとなると頼りないことこの上ない。自分のことだけで精一杯で、相手を思いやる余裕までないように見えました。こちらが何かアドバイスしても、「わかっている、大丈夫だ」の一点張りで、聞く耳を持ちません。

私以外のダンサーたちに対しても同じ態度でしたから、最後には一緒に踊るパートナーがいなくなってしまいました。

きっと彼は、できない自分、弱い自分を他人に見せたくなかったのでしょう。ですが、弱さも含めた自分を受け入れられなかったら、パートナーを受け入れられるはずがありません。

他人と協同して何かを生み出すためには、ある程度自分をさらけ出す勇気も必要なのでしょう。

相手に合わせてアドバイスする

とはいえ、どんな相手であれ、舞台を成功させるにはなんとか前向きに導くしかありません。

そんな時は相手の癖や性格、キャリアなどを考えに入れながら、アドバイスするタイミングや言い方を工夫します。

まず、一度にたくさんの要求をしない。ただでさえプレッシャーを強く感じている彼らを混乱させるだけです。小出しにしながら、問題のひとつひとつに落ち着いて向き合えるようにします。

プライドの高そうな人にはくどくど言わず、ポイントだけ的確に伝えるようにします。

繊細な人は、よい部分を見つけてほめてから、励ますようにします。

こう考えるようになったのには、理由があります。ある時、パートナーに対して、彼の後輩がいる前で注意をしてしまったのです。後になって彼から「あれはキツかった……」と言われ、プライドを傷つけてしまったことを知りました。大いに反省した出来事でした。

相手の立場を慮《おもんぱか》ることができずに厳しい言葉を発してしまうのは、自分が追いつめられている時です。本当はそんな時こそ、冷静にならねばならないのに……。

こちらがキャリアを重ねると、若いパートナーと踊る機会が増えます。なんだかちょっとだけ〝おかあさん〟になった気分の時もありましたが、これもプリンシパルの大切な役割。作品全体をよくし、舞台に立つ皆が観客の拍手に値《あたい》するだけの働きをするよう導く。なかでも相手がいるパ・ド・ドゥでは、互いに不安感を持つことなくのびのび演技できる関係を保つことが必要だと思います。

人生のパートナー

恋愛に夢中になるということはなく、結婚願望も強くはなかった私が結婚したのが二〇〇五年。

アスリート関係の会社で働く七歳年下の彼のオフィスが私のフラットの近くにあったことがきっかけです。年齢差もありましたから、互いに恋愛対象として意識し合うというよりは、友人同士としてのお付き合いがしばらく続きました。

ふたりの関係が変化したのは、バレエ団の空気が変わり始めた頃です。芸術監督が交代したことでレパートリーが変わり、古典作品の上演が減って、私が舞台に立つ機会がすこしずつ少なくなっていました。ちょっとへこんでいたのと、珍しく時間があったので、彼とふたりで食事に行くようになりました。

自然な流れでお付き合いがスタートしました。英国では事実婚スタイルを貫《つらぬ》くカップルも多く、私も入籍にはこだわらず、一緒に暮らせたらそれでいいと思っていましたが、夫はとてもまじめ?な人で、入籍し、家族として生きていきたいと言うのです。入籍してみると、その理由がわかりました。安心感が違います。

自分では特に意識していなかったのですが、踊りが少しソフトになった、と言われるようになりました。

ありがたいのは、結婚したからといって私に妻の仕事が増えたわけではないこと。

互いの仕事のスケジュールを尊重し、それぞれのペースを守り、暮らしています。

結婚してからは、私よりもずっと健康に気を遣う彼につられて、私も栄養バランスに、より気を付けるようになりました。健康を維持して踊り続けるためには、結婚して正解だったのかも知れません（笑）。

結局、新しく就任した芸術監督は一年で解雇となり、忙しく踊る日々はすぐに戻ってきました。それにしても、仕事の面ではどん底に思えたその一年がなければ、プライベートで彼とのお付き合いが深まることもなかったでしょう。物事は、悪い側面ばかりではないのだと、しみじみ感じます。

プライベートを大切にする英国人

舞台に穴をあけた理由が恋人とのトラブルだったなんて!!

滅多《めった》にはありませんが、本当にあった話です。

英国人は、プライベートをとても大切にします。仕事のために家庭を犠牲にする、つまり個人より会社を優先しがちな日本とは正反対とも言えます。

英国で働いていて非常にありがたかったのは、父が倒れた時のこと。中国公演の最中だったのですが、電話での様子がおかしかった母を問い詰めてそのことがわかり、私は心配のあまり舞台に集中できなくなりました。そんな時バレエ団が「すぐに日本に行きなさい」と言ってくれたのです。

自分の舞台を終えても、バレエ団の公演自体は続いていますから、本来はその場を離れるわけにはいかないのですが（代役としてスタンバイしていなくてはいけません）、この時はとにかく自分の出番を終えて、日本に帰らせてもらいました。

舞台には、絶対に穴をあけたくない。その気持ちは変わりませんが、仕事と同じくらい大切にすべきことがあると、プライベートを重視する英国人たちに教えてもらった気がします。

観客も舞台を創る

まだバーミンガムにいた一九九一年のことですが、英国の『Dance & Dancers』というダンス専門誌の読者投票で、〝ダンサー・オブ・ザ・イヤー〟に選ばれたことがありました。英国の観客の皆様が、こんなにも私を見ていてくれたなんて――。心から感謝の気持ちを覚えたのと同時に、もっと期待に応えよう、と武者震《むしゃぶる》いがしたことを覚えています。

英国の観客は厳しい反面、一回の舞台だけでダンサーを評価しません。特にそれが若手の場合は、育っていくのを見守ります。一度や二度失敗したからといって、「あいつはダメだ」と決めつけたりはしないのです。

ロイヤル退団の時に、「あなたが学生の頃から、あなたの舞台を見て応援していたのよ」と年配の女性ファンから言っていただけたことが忘れられません。

また、英国ロイヤル・バレエ団の名誉総裁は歴代、王室の方が務めておられ（現総裁はチャールズ皇太子）、ロイヤル・ファミリーをはじめ市民のみなさんからも、国の芸術としてバレエを支援していこうという空気が感じられます。

客席が、英国全体が、私たちのバレエ団を支えてくださっている。だからこそ、私はバレリーナという職業に誇りを持ち、取り組んでこられました。

舞台芸術は、舞台の上にいる人間だけで創られるのではありません。

ロンドンへ出かけた時は、今も必ずロイヤル・オペラハウスでバレエを鑑賞していますが、いつも客席の熱気に圧倒されます。お酒も入って、楽しそうにざわめく観客のテンションが舞台に伝わります。

応援してくださる方々がいるからこそ、私たちダンサーの力は、目いっぱい引き出されるのです。

頼るのは自分。だから、ジンクスは持たない

本番に必ず持っていくもの、本番前に食べるもの。ジンクスを持つダンサーたちは

います。でも私はあえて持ちません。

なぜなら、忘れた時のことを考えると怖いからです。気持ちを落ち着かせるために利用するものはその時々ありますが、縁起《えんぎ》を担《かつ》いでいつも持ち歩いているものはありません。基本的に頼るのは自分です。

不安な時や心配な時、気持ちを落ちつかせる一番確かな方法は、自分をしっかり持つこと。

大切なのは、日々の自分の心との対話です。

やらなければならない、考えなければならないことから逃げない。それを続けられたら、お守りもジンクスも必要ないのではないでしょうか。

ありのまま、でいいのだけれど

ありのままの自分を受け入れる——とても大切なことだと思います。そうでないと、自信を持って人の前で表現などできません。

でも、〝ありのまま〟でありながらも〝客観的に自分を見つめる視線〟も持たなくてはなりません。

なぜなら舞台芸術は、あくまで〝観客に見ていただく〟ものだから。

自分の表現に酔っていたのでは、お客様が興《きよう》ざめしてしまいます。

ただ、自分を客観視しすぎて完璧を目指したがために、心を病むダンサーもいました。完璧であることに縛られ、自分の殻《から》から脱出できなくなるのです。

何事もバランスが大切。

ぱっ、と花咲く天才もいれば、ゆっくりとつぼみを膨らませる人もいるように、個性の花の咲かせ方はいろいろです。焦りは禁物。情熱と同時に、図々しさや鈍感さも、少しでよいから持ち合わせているといいのかもしれません。

……実は、私も時々「鈍感力がある」と言われます（笑）。

コミュニケーションの冒険を

強い自己主張もするけれど、責任も取る。英国ロイヤル・バレエ団のプリンシパルはそういう人たちです。

言い争うこともありましたが、互いにはっきりと主張し合うと意外とそのあとはさっぱりしたもので、根に持つことはありません。知らず知らずの間に鍛えられていく自分がいました。

人間関係は、易《やさ》しいことばかりではありません。

ぶつかったり、叱られたり、失敗して落ち込んだり、そんなのは当たり前。

強く主張をする人や集団の意見に自分を合わせる日本の社会は、一見配慮に満ちているように見えますが、臆病とも感じます。

対立から学ぶことも多いものです。傷つくことを避け続けていると、些細《ささい》なことで心が折れるようになってしまうかもしれません。なにより、本音で語り合えなければ、打ち解けあうこともできません。

引っ込み思《じ》案《あん》な私も、英国に暮らした三十年あまりの間に、心のサバイバル能力を高めることができました。

第五章

変化する自分と向き合いながら

今まで何も考えずにできていたことが、そうではなくなる。
四十歳を迎えた頃から、ああ、これが老化なのかと感じる機会が増えました。
いつかはそんな日が来るだろうと漠然と考えていた
その〝いつか〟を目の当たりにすると、
身体が資本のダンサーとしては、うろたえることもあります。
一方で、年齢を超えて輝く人たちも増えています。
変化を恐れず受け入れ、その中で自分のできることを精一杯実行する――。
衰えていく自分を受け入れながらもなお輝く人たちは、真に美しい、そう感じます。
変化のタイミングにこそ、その人の人間性が現れるようにも思います。
フリーのバレリーナという立場になって、私は今の年齢でのやり方を見つけました。
一日でもながく、舞台を通して、観客の皆様と喜びと感動を共有できるよう
進化しつづけたい、そう願っています。

できていたことが、やりにくくなる四十代

二〇〇五年、英国ロイヤル・バレエ団は日本公演を行うことになりました。ロイヤル・バレエ団にプリンシパルとして入団してから、ちょうど十年。私は四十代を迎え、体調の変化に戸惑いを感じていました。今まで楽にできていたことが、しっかり意識をもって臨まないとできなくなる。以前より疲れやすい、リカバリーに時間がかかる、ちょっとしたことで身体を痛める……。

古典バレエの全幕ものともなると、二時間踊りきる体力が求められます。そして最後には、大技を織り交ぜて踊る華やかなグラン・パ・ド・ドゥがあります。ですからその頃の私は、全幕作品の舞台を辞退することも多くなり、バレエ団に対して大変申し訳なく思っていました。当時の芸術監督、モニカ・メイソンをはじめ、指導の先生方の中には五十代になるまで踊り続けた人もいらっしゃいますが、そうした方々からいくら「まだまだ大丈夫」と励まされても、この先十年を超えて踊り続ける自分など、

想像できなくなっていました。

幸か不幸か、踊ることにはっきりとした定年はありません。バレエ団には、女性は四十代を迎えたらそろそろ……、という空気がありますが、身体能力は下降しても、自分の個性に合った作品、振付でこれまでの経験を活かし表現力を発揮する人もいます。私の周りには、フリーになったり、他のカンパニーに移籍したり、そういう選択をして〝リスタート〟する人もいました。

そんなタイミングで迎えた日本ツアーですから、「きっとこれが、英国ロイヤル・バレエ団プリンシパルとしての私を日本の皆様にお見せする、最後の舞台になる」そう思って臨みました。演目は『シンデレラ』でした。

芸術監督からの思いがけない提案

その頃、夫の仕事の関係で頻繁《ひんぱん》に日本と英国を行き来するようになっていたのですが、タイミングよく日本のKバレエ・カンパニーから「うちで踊らないか」とお誘いを受けました。

Ｋバレエ・カンパニーは、かつて英国ロイヤル・バレエ団で一緒に踊った熊川哲也《くまかわてつや》さんのカンパニー。私と同じキャリアを歩んできた彼のカンパニーなら、きっと活動しやすいだろうと考えると同時に、あと何年踊り続けられるかわからないなら、最後は日本のお客様の前で踊りたい、という思いもあり、前向きに検討することにしました。

しかし、バレエ団とシーズン契約を交わすと、その期間のスケジュールはバレエ団に委ねられます。日本を選ぶとしたら、ロイヤルを退団するしかない。私はそう考えました。ところが、芸術監督に相談すると、びっくりするような提案が。

「両方でプリンシパルとして活動したらいいじゃない」

今までなかなか自信の持てなかった私ははじめて、

「ロイヤル・バレエ団の一員として必要とされているのだ」

と、心から嬉しく思いました。

人生の転換期

こうして、Kバレエ・カンパニーではプリンシパル、英国ロイヤル・バレエ団ではゲスト・プリンシパルとして、踊る日々が始まりました。

Kバレエ・カンパニーの舞台では、日本のファンの皆様からあたたかな歓迎を受け、恵まれた環境の中で踊ることができました。

しかし、いくらロイヤルで全幕作品を踊る機会が少なくなっているとはいえ、まとまったスケジュールを両方のバレエ団のために確保するのは至難《しなん》の業《わざ》でした。バレエはひとりで踊るものではありませんし、数日の本番のためでも、長いリハーサル時間を要します。一緒に踊る人たちのスケジュールも考え時間を合わせなければなりません。結果として細切れに日本と英国を行き来しなければならないことになり、体力的に大変でした。

体力を理由に全幕作品を減らしているというのに、ますます疲労がたまるばかり。

とはいえ、この日々があったからこそ、私は自然に日本での自分の居場所作りをスタートできたのです。

何かを手放して、新たな出会いを待つ

日本と英国とではバレエを取り巻く環境がまったく違います。床が硬い日本のスタジオでの稽古に体を慣らすのには時間がかかりましたし、ケアにも今まで以上に時間をかけなければなりません。そこで治療師やトレーナーを探すわけですが、簡単にはこの方、という人にめぐり合えない。私のトレーニングの目的も兼ね、夫が東京にピラティスのスタジオを作ってくれましたが、その間にもどんどん身体は変化します。変化する身体に合わせて、コンディションの調整が必要な部位・理由・調整方法も変わってしまいます。

人は、年齢には逆らえません。状況、程度の差こそあれ、誰にでも老化は平等にやってきます。

私は古典作品が大好きです。

古典には体力が必要とはいえ、自分がやりやすいように振り付けを変えれば、踊れることもあるでしょう。しかしそれは私の表現したいバレエではありません。偉大な先人が完成させた美の世界を崩してまで、自分が舞台に立ちたいとは思いません。そこには強いこだわりがありました。

これまで守り抜かれてきた美の世界を、壊してしまってはならない、それは振付家たちを裏切ることになる。ですから、きっちり型通りに踊ることができなくなるくらいなら踊らない方がいいと、三十代半ばを過ぎた頃から〝封印〟してしまった作品もいくつかありました。

自分が納得できる形で踊ることのできる作品が減っていく。だから退団を決意したのです。

肩書でも階級でもなく

二〇一〇年。四十四歳で私は、英国ロイヤル・バレエ団を退団しました。

それまで四年間、日本と英国を行き来しながら踊っていた時間は苦労の連続でしたが、この時間があったからこそ心の準備もできていたのです。英国から一足飛びに日本に拠点を移していたら、もっと勇気が必要だったでしょう。またしても自然な流れが、私を導いてくれたとしか思えません。

「まだまだ踊れるのに、なぜ?」

バレエ団の仲間たちは口々にそう言ってくれました。気を遣ってくれているのだな、と思う反面、素直に嬉しく感じたものです。

それに、退団し、プリンシパルではなくなるものの、バレエから一切身を引くわけではありません。

プリンシパルという肩書、責任から自分を解放し、今こそ自由に踊っていく道を探す時なのかもしれない。そして私が退《ひ》いた席には、次世代の人たちにチャンスが巡ってくる、それこそがバレエ団とバレエの未来につながるのだ――。

バレエ団という組織の中で自分を磨くことは、とても価値のある素晴らしい経験でした。同時に私は、「欲しいのは肩書でも階級でもなく、踊り続ける自由なのだ」と深く感じるようになりました。

素養があり、さらなる躍進を期待されていたのに、すぐに舞台を降りてしまったダンサーたちをたくさん見てきました。そんな才能あふれる人たちの中で、なぜ私が踊り続けてこられたのだろう、と思うと、不思議でなりません。

初めてトウシューズをバレエ教室の先生から手渡されたあの日。それからずっと私にとって大切なのは、どういう形であれ〝踊り続けていくこと〟でした。

ロンドンでの最後の舞台『シンデレラ』

ロンドンでの最後の舞台は『シンデレラ』。

思えば二〇〇五年、日本ツアーで踊った時、「これがロイヤルのプリンシパルとして日本で踊る最後の舞台になるかも知れない」という思いが頭をよぎったのですから、縁のある作品です。

二〇世紀を代表する英国の名振付家フレデリック・アシュトンが、一九四八年、英国ロイヤル・バレエ団のために創作したアシュトン版『シンデレラ』は、英国バレエのスタイルを確立したとも言われます。キラキラとした衣裳を着た主人公が王子に導かれ、未来への扉を開く——そんなラストシーンで英国のお客様に別れを告げられるなんて、感謝と感激の気持ちでいっぱいでした。その気持ちをすべて、リハーサルのエネルギーとして注いだつもりです。

少し前に引退していた仲良しのダーシー・バッセルは、最後の舞台で涙を流していたけれど、私はとにかく無事に踊りきることができたという安堵《あんど》で胸がいっぱいで、カーテンコールでも涙に浸《ひた》る余裕はありませんでした。

完全に幕となり、客席の明りがついてしばらくの間も、カーテンの内側の舞台上では、これまで支えてくださった方々、バレエ団の仲間たちへの挨拶で大忙し。まだ余韻に浸る暇はありません。

楽屋が私の居場所だった……

公演が終わり、劇場にある自分の楽屋の荷物をまとめていた時です。突然、寂しさが襲ってきました。

その時テレビ番組の取材を受けていて、楽屋のシーンをカメラが追っていたので、なんとか明るく振る舞っていましたが、ひとりだったら感情を抑えるのが大変だったかもしれません。

いろいろなことを思いながら過ごした楽屋は、かけがえのない時間を与えてくれた大切な場所でした。そこから旅立つことは、ずっと一緒に過ごしてきた家族のもとを離れるような感覚にも似ていました。自分の一部との離別さえ意味しているようでした。

大きな荷物とたくさんの花束と共に自宅に帰り、いただいた花を家じゅうの花瓶に移し替えている時、突然涙が溢れ出てきました。子どものように声をあげて泣いてしまい、涙をしばらく止めることができませんでした。

日本で、英国ロイヤル・バレエ団に別れを告げる

その涙も乾ききらないうちに日本で私を待っていたのは『ロミオとジュリエット』の舞台。バレエ団のシーズン最後の舞台である日本公演が、私の事実上の退団のステージとなりました。さらには、引っ越し公演（海外公演を時々、こう表現します）が、私のロンドンから東京への引っ越しにもなりました。

『ロミオとジュリエット』も大好きな作品のひとつです。

初めて踊った時は感情の高まりを振り付けで表現することになじめなかったのが、作品をより深く知るようになってからは苦手意識もなくなりました。特に、ロミオ役とのパートナリングでは、互いの力を引き出し合って表現が膨らんでいく、というバレエならではの表現の喜びを感じるようになりました。

相手役はスティーヴン・マックレー。彼は力《りき》みを感じさせずに私をサポートし、リ

ードしてくれるので、とても踊りやすいパートナーのひとりです。その彼と踊ったジュリエットは、振り付けに自然に感情が寄り添い、〝ジュリエットそのものを生きる〟ことができました。

カーテンコールでは長い長いスタンディングオベーションをいただき、私にとっては願ってもない身の引き方となりました。

にぎやかだった退団パーティ

日本公演で私が英国ロイヤル・バレエ団最後の舞台を務め終えたその夜、日本で私のマネージメントをしている事務所の社長がパーティを開いてくださいました。驚くことに、まだ公演中にもかかわらず、ダンサー、スタッフを含めカンパニーの全員がひとり残らず集まってくれました。

会場には、応援してくださった方々から英国ワインや花束といった贈り物がたくさん届きました。その中にはチャールズ皇太子からの電報も。

日本人である私を自国の芸術家として認め、ねぎらいの言葉までいただけるとは……。英国王室の芸術文化への思いの深さに、感謝の気持ちでいっぱいになりました。

その夜は大いに盛り上がり、お店が閉まる時間になっても大半の人が残っているという状態に。名残惜《なごり》しく思ってくれる気持ちを嬉しく感じました。

半歩でもいいから前へ――フリーランスのバレリーナとして

バレエ団を退団したことで、私はフリーランスのバレリーナとして、さまざまなバレエ公演にゲストとして出演させていただいたり、プロデュース公演を企画、参加するなど、活動の幅を広げることになりました。

フリーのバレリーナとして踊るということは、自由に仕事を選べる反面、集団に属するわけではないので、ある意味ベースを失うことになります。責任をもって臨めるかどうかは自分で見極《みきわ》めなければなりません。バレエ団にいれば代役がスタンバイしていますが、これからは代わりに舞台を務めてくれる人はいないのですから。十八歳からずっと大きな組織に守られていた私にとっては、どれだけの仕事があるのか、どんな仕事が来るのか、すべてが未知数でした。

また、踊り続けるためには毎日の基礎レッスンが欠かせません。稽古場を確保しなければなりませんが、ピーター・ライトと縁のあるスターダンサーズ・バレエ団のご厚意でクラスレッスンに参加させていただけたので、大変助かりました。

フリーのダンサーは体調管理も自己責任です。

何かあったらすぐに駆け込める治療室があったロイヤル時代とは違い、怪我や症状に合わせて治療の方法や治療師を自ら選ばなくてはなりません。何より、引退する数年前から痛めていた膝が心配でした。

今の年齢で一日でもレッスンを怠ると、すぐに身体スキルが後退してしまいます。リカバリーに時間をかけながら必要なトレーニングをプラスする、たとえるなら、下りのエスカレーターを無理やり駆け上っているような感じでしょうか。

四十代になり、先へ進もうと努力をしないことは、後退を意味するのです。

半歩でもいいから前進するためには、若い頃より時間をかけて丁寧に自分と向き合う必要がありました。今までのやり方ではなく、身体との向き合い方を見直す必要を感じながらの再スタートとなりました。

踊れる自分に戻れるとは思えなかった二〇一二年

活動を開始すると、嬉しいことにたくさんのオファーをいただいて、お受けできるかどうかを精査するのが大変でした。オファーのほとんどは全幕ものの古典作品です。ありがたかったのですが、責任をもって引き受けられる自信がなく、お断りしたお話もたくさんありました。

半年が過ぎるころ、どうにも動けなくなってきたので調べてみると、膝の状態がかなり悪化していることがわかりました。けれども、その春には、『NHKバレエの饗宴』の舞台が決まっています。治療を続けながらなんとか舞台に立ちましたが、最悪のコンディションで迎えたために思うように踊れず失意のどん底、今度こそこれが最後の舞台になるのだな、と感じました。とにかく身体を治すことだけを考えようと、その後約一年間の舞台はすべてキャンセル。もう踊れる身体に戻れるとは思っていませんでした。

そんな時、ひとりのパーソナル・トレーナーを紹介されます。「ビッグジャンプはあきらめています」と言う私に、先生は「全幕を踊り切れるまでに復活させましょう」と笑顔でおっしゃるのです。

この先生のトレーニングはそれまで経験したことのない内容でした。以前の自分に戻れるとは思っていませんでしたから、どうせ試してみるのなら、思い切ってやったことのないものに委ねるのも悪くはないのではないか。とりあえず〝無〟になってやってみよう、と思いました。

ゼロになる勇気

他の治療の先生の場合、ちょっとでも合わないと感じると二、三回でやめていた私が、この時はなぜか「十回は続けてみよう」と思いました。踊ることをあきらめるか、トレーニングに賭けてみるか、そのどちらかを選ぶしかなかったからです。

内容は「えっ、こんなに楽で本当に効いているの？」と疑いたくなるくらい簡単。とにかく効かせたい部分に意識を向け、軽く動かすだけ。それまで実践してきたのはハードなものが多かったので、これでどんな効果が得られるのか半信半疑でした。

ところが、ある日。朝のクラスレッスンで身体の変化をしっかり感じることができたのです。どこをどうしよう、といちいち考えなくても、体が自然に動くような刺激がもたらされる……以前にはなかった繊細な、初めての感覚でした。しかも、楽に動きます。膝を気遣い、ロイヤルを引退する前からビッグジャンプを控えていた私ですが、気が付いたらスタジオでジャンプしているのです。その後ロンドンで久しぶりにロイヤルのクラスレッスンを受けた時、当たり前のようにビッグジャンプをしている私を見て仲間たちがびっくりしていました。

身体はその後もめきめきと回復していきました。

毎年春に開催される『ＮＨＫバレエの饗宴』へは、二〇一三年、二〇一四年と、三年連続で参加することができました。

私の身体に奇跡を起こしてくださったこの先生は、残念ながら二〇一五年のはじめに突然、逝去されました。ご自身も病気を抱えながら、それを一切告げず、トレーニングしてくださっていた……。後から知ったのですが、私と同じようにして救われたアスリートがたくさんいたのだそうです。

年齢を重ねても身体は進化する

頼もしい指導者を失った私は、しばらくの間、途方に暮れていました。

しかしせっかく自分の身体にまだ可能性が眠っていることを教えていただいたのですから、無駄にしてはいけません。もっと自分を向上させたい。新しいトレーナーのもとで私は再び踊るための身体づくりに取り組み始めました。

ちなみにどんなにスローな踊りでも、バレエを踊っている最中は、私の心拍数は一八〇に達します（成人女性の平均的な心拍数は七十～一〇〇くらいです）。そんなハードなバレエを踊り続けるためには、バレエの動きの中で身体を創り、スタミナを維持することが理想的ですが、さすがに年齢を重ねると長時間のバレエ・レッスンは負担になります。ですから心肺機能を上げるためにプログラムされた、バイクトレーニングも実践しています。膝に負担をかけたくない、ムキムキしたレッグラインにもなりたくない、という私の希望を受け止めて考案してくださったのですが、おかげでパフォーマンスは向上、重力の影響をあまり受けずに脚力を鍛えられました。幸い、幼い頃、母を心配させていた私の心肺機能は今は高いらしく、トレーナーもびっくりされていました。

最近、強く感じているのは、「年齢を重ねたことで衰えを感じても、身体感覚はむしろ鋭くなっている」ということです。

理屈ではなく身体が教えてくれるのです。

これは、技術や体力が衰え、より丁寧に自分の身体と向かい合わざるを得なくなったゆえの結果です。もしも私が絶頂期でバレエを辞めていたら、気づくことはできなかったでしょう。

今、身体との向き合い方を再構築し、若い頃には気づけなかったことを学び直しています。むしろ、何も考えずに動けていた頃より、自分の身体をコントロールできるようになっています。

年齢を重ねるということは、使える引き出しが増えていくことでもあるのでしょう。

刺激的だった『ドリーム・プロジェクト』

二〇一四年には、英国ロイヤル・バレエ団の後輩プリンシパル、アリーナ・コジョカルが座長となった『ドリーム・プロジェクト』に参加しました。英国ロイヤル・バレエ団をはじめとして、世界中の精鋭《せいえい》たちが一堂に会してのガラ公演です。

フリーという立場で参加することは〝代役がいない〟ということでもあり、コンディションを崩すわけにはいかない。しかも一緒に踊るのは、現役真《ま》っ只中《ただなか》のダンサーたちです。パートナーは信頼しているスティーヴン・マックレー、作品はフレデリック・アシュトンの『ラプソディ』。美しい抽象バレエですが、音符をステップにしたような難しい作品です。しかしリハーサルに臨んでみるとそんな不安もどこへやら。コンディションの問題で、二年前には同じ作品のごく一部しか踊れなかったのが、この時は最後まで通して踊ることができ、新しいトレーニングで身体が変わったことを心の底から実感した舞台でした。

ロイヤルの仲間たちと再び、日本で踊ることができるなんて。まさに〝ドリーム〟。声をかけてくれたアリーナに感謝です。

年齢を重ねたなりに師は必要

二〇一五年まで数年間、ロシアとウクライナのバレエ団の新春ガラ公演に参加させていただきました。

その中で、強烈な指導者との出会いがありました。エドワード・ワトソンと『ライモンダ』を踊った時のことです。

その先生は、私たちに山のような課題を与え、細かく、厳しく、しつこく注意を繰り返します。私はもちろん相手役のエドワードも毎回へとへとになるまで絞られました。

先生は、キーロフ・バレエでプリンシパルとして名を馳《は》せ、後にアメリカン・バレエ・シアターのミストレスとなったイリーナ・コルパコワの五十歳頃の映像を私に見せ、「あなたにもできる、あなたならできる！」とおっしゃいます。

気が付くと身体は強くなり、メンタル面も鍛えられていきました。そして本番を万全の態勢で迎えることができたのです。

キャリアが長くなれば、遠慮をされるのか、指導を受けることが少なくなりますから、たくさん叱っていただけるのは大感激。また、そこまで練習に付き合ってくださった、聞けば八十歳を超えているという先生の気力・体力に脱帽しました。

厳しさは、自分の中にまだ眠っている何かを目覚めさせてくれる愛のムチです。

新しい作品との出会い

古典作品が大好きな私ですが、ここ数年で、古典以外の、とても印象的な作品との出会いがありました。ジョージ・バランシンの『スコッチ・シンフォニー』『ワルプルギスの夜』、アントニー・チューダーの『葉は色あせて』、そして日本舞踊の男性群舞と共演した、アレッシオ・シルヴェストリンの『ボレロ』——どれも私にとってはじめて踊った作品です。思えばバーミンガムにいた頃、踊りの幅を広げるため英国以外のバレエ団への移籍も考えましたが、まさか日本で、こんなに色々なスタイルの作品を踊れるなんて想像もしませんでした。自分の可能性がひろがったようで、ワクワクしました。

また、アメリカのセントルイス・バレエ団のディレクターとして活躍されている堀《ほり》内元《うちげん》さんのことは、コンクールなどで優秀な成績を収めていらしたので、子どもの頃から尊敬していましたが、二〇一五年、一六年と続けて、その堀内さんと、『バレエ・フォー・ザ・フューチャー』というプロデュース公演を行うことができました。オーディションで選抜した若手に振付指導を行いながら、次世代の才能たちにバトンを渡そう、という活動です。

私が踊ったのは堀内さんのオリジナル。ジャズに乗せてクラシック・バレエを踊るという、やはり私にとっては新しいスタイルの作品で、とにかく新鮮！　ジャズの自由な雰囲気を思い切り楽しむことができました。

いつまでもこうして新しい作品に出会い、挑戦できるのが、嬉しくてしょうがありません。

これが最後、と思い続けてはや十年

いつの舞台が最高だったと思いますか？　というような質問を受けることがあります。

あの時は元気だったな、頑張ったな。今振り返ると、ちょっと褒めてあげたい自分もいますが、当時の私はいつも自分に満足できませんでした。

もっと、もっと、もっと！

その思いに導かれ、気が付いたらこんなに時間が経っていました。

英国ロイヤル・バレエ団を引退する少し前に膝を痛め、それからの十年間はいつも「これが最後の舞台になるかも知れない」と思いながら踊ってきました。だというのに、今日もバレリーナとして活動しているのは、この「もっと」に導かれてきたからでしょう。

若い頃の「もっと」は、練習の〝量〟だったかもしれません。

Miyako's Private Snaps

photo : Yoshida Miyako

いちばん好きで、いちばん怖いところ。

ロンドンのコヴェント・ガーデンにある
ロイヤル・オペラハウス。
公演の準備をするスタッフをパチリ。

私はどこにいるでしょう？

オペラハウス内の、
メイクアップルームの壁には
歴代ダンサーたちの写真が。

クリスマスといえば……。

ロンドンのチューブ（地下鉄）、ANGEL駅に貼られた
フェデリコ・ボネッリとの『くるみ割り人形』のポスター。

癒しの風景。

英国時代、舞台を終えてリラックスしたい時には
よくロンドン郊外に足を延ばしました。
リッチモンド地区を流れるテムズ河沿いは大好きな場所。
今は写真を見ながら癒されています。

猫も一緒に!?

毎日のトレーニングで使っている、
ストレッチ＆エクササイズグッズ。

公演のためにしょうがなく（涙）。

トレーナーの先生にお借りしたバイク。
自宅でも頑張りました……。

お肉大好き。

ロンドンではローストビーフ、
東京では秋を感じる松茸と共に♪
筋肉を作るには、お肉は欠かせません。
……そしてワインも欠かせない（笑）。

高所恐怖症なのに……。

英国在住時代の憧れだった、東京タワー。
スカイツリーにも、行きました。

最近の、お気に入りです。

可愛いStinaのレオタード。
気持ちも明るくレッスン頑張れます。

今は自宅に。

以前はバレエ団にあったトウシューズ棚、
今は自宅にスタンバイ中。

サプライズ！

何年か前、公演前日が誕生日だったので、
ゲネプロ（本番直前の最終リハーサル）の後、
オーケストラの生演奏と共に頂いた
トウシューズのケーキ。
50歳の時には、ロイヤル最後の
『シンデレラ』のカーテンコールの
写真が入ったケーキを頂きました。

今は「もっと」の〝質〟を大切にしています。やみくもに頑張るのは今となっては自己満足。昨日の自分と今日の自分の違いは何かを問いながら、身体と向き合います。そして、忘れてはならないのは周囲の厳しい視線、厳しい指摘。

レッスンスタジオの鏡に映る姿や、指導者のアドバイスは今でも自分が成長するための大切な視線です。

経験を積むと、他人の指摘を受け入れるのが難しいこともあります。でも、不要なプライドを脱ぎ捨てることができたら、それは最高のチャレンジ。

自分を変えてみよう。そんな期待が次の一歩になっているように思います。

今あらためて、プロのダンサーとして

プロの仕事、それは階級や肩書きの上にあぐらをかかず、自分がすべきことを理解し、それを実践するために情熱を注ぐことができること。

ダンサーとして、舞台に立ち観客の心を動かすこと。そのための準備を行うことが

できなくなれば、その時はいよいよ舞台を去らねばならないと思っています。

十年前に比べたら、舞台に立つ機会はずいぶん減りました。

ひとつの舞台に全力を注ぐには、それなりの準備期間、そしてリカバリーにかける時間が必要になります。準備とリカバリーを十分に行わず舞台に立ったら、納得のいかない結果になってしまうので、そこは慎重に判断して作品や公演のタイミングを選んでいます。

これが、今の私のやり方。

舞台を通して喜びと感動を共有できるように……。焦らず、慌てず、今の私にできることを全力で届けたいと思っています。

第六章

エレガントに生きる

英国王室ゆかりのロイヤル・バレエ団では、
普段からエレガントであるよう教えられました。
はじめは形から覚えようとしましたが、周りの人々を見ているうちに、
それは日常の過ごし方から身についたものなのだとわかってきました。
エレガントさにもいろいろな表情がありますが、
私がエレガントだと思うのは、芯があるけれど柔軟な女性たち。
彼女たちは時代や年齢をこえて、強く、そして優しく仕事や生活を楽しんでいます。
見た目だけではなく、存在そのものが輝いているようです。
しっかりした芯と、表面の柔らかさは、まさにバレエの身体の使い方そのもの。
「いつもエレガントを心がけて」と言われてきた意味が、
少しずつわかるようになりました。

ひねくれ者？の英国人が育てた〝ロイヤル・スタイル〟

英国ロイヤル・バレエ団には〝ロイヤル・スタイル〟という言葉があります。説明するのはとても難しいのですが、スタジオでも、劇場でも「いつもエレガントに振舞うことを心がけて」と言われ続けたことで、ロイヤル・スタイルとは品格そのものをさすのかもしれない、と思うようになりました。

バレエ団にはそれぞれスタイルがあります。

お国柄、芸術監督や振付家の方針など、スタイルを形作るものはさまざまですが、ロイヤル・バレエ団の〝ロイヤル・スタイル〟とは、日々言われ続けていた「エレガントであれ」という一言に尽きるのかもしれません。

さすが演劇の国だけあり、ロイヤル・バレエ団のレパートリーには多くの物語バレエがあります。役どころもお姫さまから娼婦、村娘、いたずらな妖精、動物たちまで、実に幅広い。

そしてどんな役を演じる時でも、徹底して〝リアルさ〟を要求されます。その役が必要とするならば、汚く見えることすら恐れないように、と。ただ、どんなに生々しいまでの表現をしようとも、根底に〝ロイヤル・スタイル〟がある限り、品格は保証されるのです。

身体の使い方に関して言えば、私が今まで踊ってきた古典作品では、大きく柔軟に動かしてよいのはあくまで体幹周辺（上半身）までで、そこから伸びる手や脚を必要以上に振り上げたり、大げさに動かすのはよろしくない、と。身体の柔らかいダンサーにとっては、脚は上がるところまで上げきった方が楽なのですが、それは下品だと注意されます。控えめな高さに上げた脚をキープして踊るのはダンサー泣かせでもありました。

英国の観客もまた、これ見よがしの表現には眉をしかめる人が多いのが事実。自慢げに高々と脚を上げるよりも、繊細な手先の表情や、控えめな中にも存在感を漂わせる、そんな表現を好みます。難しいテクニックであればあるほど、さらりと、何事もなかったようにやってのけると大喜びしてくれます。これ見よがし、あからさま、大げさは粋《いき》ではない、というのは、皮肉が好きな国民性でしょうか。

エレガンスとは、どんなに大変なことでも努力している気配は一切見せず、軽々とやって見せるスマートさである、という点は共感します。

バレリーナがエレガンスの象徴だった時代

憧れの女性はその時々で変化しますが、昔から変わらず好きなのは、オードリー・ヘプバーンとマーゴ・フォンティーン。

オードリーは、少女時代バレエをやっていたということ、そしてあの妖精のように華奢《きやしや》でクリーンなイメージ、圧倒的な品のよさが魅力です。

マーゴ・フォンティーンは、二十世紀を代表するバレリーナのひとりであり、ルドルフ・ヌレエフとの絶妙のパートナーシップで世界を沸かせた英国ロイヤル・バレエ団伝説の大スター。男性の叙勲《じよくん》「ナイト」「サー」に値する「デイム」を王室から授かり、英国はもとより世界中から注目を集めました。

英国ロイヤル・バレエ団が海外公演に出かける時のマーゴは、隙のないドレスアップ姿で空港に降り立ち、メディアを魅了したといいます。舞台ではプリンシパル・バレリーナ、公《おおやけ》の場では気品あふれる外交官のような役割。

今はツアーの移動ももっとラフですから、いい時代だな、素敵だな、と思います。

舞台上はもちろん舞台を降りた時間も、装い、ふるまいともにエレガントだったマーゴ・フォンティーン。彼女は「ロイヤル」という冠を戴いたバレエ団の象徴として、天才と謳《うた》われたヌレエフとともに歴史に名を刻みました。後に続く私たちも、そのエッセンスを受け継ぎ、イメージを崩すようなことはしたくはありません。バレリーナは、夢を見ていただけるような舞台を創るのが仕事ですから。

エレガンスは、冷たくない

マーゴ・フォンティーンとオードリー・ヘプバーンの共通点は、適度な茶目っ気を感じさせる点です。気品、オーラを漂わせながらも、ちょっとふざけてみたり、時には大笑いしたり。そうしたリラックスした瞬間の表情に、人を惹きつける何かがあります。ツンと澄ました美しさではなく、他人をほっとさせる一面を持っています。

ふたりとも、人生を楽しむこと、愛することの素晴らしさを知っている女性だったのだと思います。

愛のあるひとは、あたたかな雰囲気を漂わせ、他者を気づかいます。彼女たちのチャーミングさは、そんな愛情溢れる心から発せられているのかもしれません。

女の子がハイヒールに憧れるわけ

長時間経つと疲れてつま先がじんじんしてくるというのに、なぜ私たち女性はハイヒールを履きつづけるのでしょう。

脚のラインがきれいに見えるのはもちろんですが、女性としての緊張感を保てるのが理由のひとつなのではないでしょうか。

バレエのトウシューズも痛いです。つま先に大きな負担がかかるため、バレリーナの足はタコや擦《す》り傷だらけ。爪がはがれてしまうこともあります。

それでも、トウシューズのおかげで、私たちはつま先で立ち、優美に踊ることができます。痛い思いをした分、体重を感じさせない妖精のような動きや回転が可能になります。

すべては〝美〟のため。ハイヒールを履きたい理由と似ていると思いませんか？　痛みに耐え、より美しく。

ハイヒールもトウシューズもまさに、一度履いたら脱ぐことができない魔法の〝赤い靴〟なのです。

立ち姿はエレガンスの基本

バレリーナは姿勢がよい、と言われます。

それは重心を上へ上へと引き上げ高く保つこと、身体の芯（軸）を常に意識していること、そして遠くの席のお客様にも表現が伝わるよう上半身を大きく使うことにより、背筋が鍛えられていくからだと思います。

バレエの動きは、常に背中から始まっています。立つときは背中側を意識しますし、腕も背中から使います。舞台でお客様に対して背中を向けるとき、緊張感のない後ろ姿を見せることはできません。

また、バレエではしばしば、客席に対して斜め四十五度に立ちます。客席側の足を前にクロスして立つポジションを「クロワゼ」といいますが、この立ち方では自然と身体が絞られ、美しく立体的なラインが生まれます。

ちなみに「クロワゼ」の立ち方を写真撮影などに応用すると、普段よりちょっとスリムな写真映りになります。猫背が気になる人は肩を横に引っ張るようにして胸を開くだけで、背筋が伸びます。

姿勢は第一印象を左右します。バレエの堂々とした立ち姿、余裕を感じさせる優雅なマイムなどは、宮廷文化の中で発展してきたという文化的背景が影響しているのでしょう。

大きな力を出したい時こそ、構えない

テクニックに長《た》けたダンサーこそ、エレガントのお手本。

それは女性に限りません。

ロイヤルのスティーヴン・マックレーは、さらりと超絶技巧をやってのけます。まるで呼吸をするように、滑《なめ》らかな動きの中に高度なテクニックを入れて表現します。

ジャンプやピルエットなど大きな技に入る前には、緊張から身体を固くしがちです。それが目に見えてわかってしまうと〝あっ、これから回るのね〟と余計な情報が伝わり、お客様は作品の流れやストーリーではなくテクニックにばかり注意を向けてしまいます。

こういう時こそ体幹、身体の軸に集中し、身体の外側の力は抜いておきます。

それを可能にするのは呼吸です。技に入る前に一度大きく息を吐き切り、身体の外側の力を緩《ゆる》めます。すると自分の身体の芯の部分がきりっ、と際立って感じられ、無

駄な力を使わず、身体をコントロールできるようになります。

仕事や、ここ一番の勝負！という時も同じかもしれません。硬くなると動作や雰囲気も緊張してぎくしゃくする。それが相手に伝わると、相手も身構える……。反対にこちらに余裕があれば相手もリラックスして、意見に耳を傾ける余裕が出てきます。

若い頃の私は、肝心な場面になると息を止めて踊っていたようで、よく先生から注意されていました。

他人を意識する場面であるほど、不要な緊張感は持ち込まない方がいい。真に強い女性はむやみに力まないのと同じです。これも、エレガントに生きるコツのひとつではないでしょうか。

好奇心と冒険心

ヨーロッパでは七十代～八十代の女性たちが背筋をぴん！と伸ばして、堂々と歩いているのを見かけます。ただ歩いているだけなのに、ものすごく素敵で存在感があります。真っ赤な口紅をつけたり、思い思いにドレスアップしたり、見ているこちらの気持ちも華やぐよう。街中では、若者たちがそんな彼女らに道を譲り、彼女たちを立てています。

日本では、何をするにも年齢がつきまとい、若さが重要視され過ぎる気がします。私も、年齢より若く見えますね、と言われるのは嬉しいし、いつまでも若々しくありたいとは思う。

けれども、私は年相応の自分でありたい。若く見えることと、素敵であるということは別だと思うからです。

ある時テレビを見ながら夫がこう言ったのが印象的でした。

「どんなに若く見えても、不自然さを感じると、魅力的だとは思えない」

それぞれの世代に、その世代にしか出せない美しさがある。無理に若く見せようとするのは今の自分を否定しているようなもの。

バレエ団にいた頃は、周囲は年下の後輩ばかりでしたが、日本に戻りバレエ以外の世界での交流が増えたことで、魅力的な先輩方にたくさん出会い、影響を受けています。

年齢に関係なく、素敵な女性たちには、仕事や趣味、日常生活に好奇心と冒険心を持って臨み、〝今〟を楽しんでいらっしゃる方が多いように感じます。

そういう毎日を送っている方は、ふだんの表情に輝きがにじみ出ています。

今の自分を大切にしながら、新たなことにも挑戦していく、そんな心で生きていくことこそ〝若さ〟なのではないでしょうか。私は、そうありたいと願っています。

レディファーストというミニシアター

帰国してしみじみ、英国はレディファーストの国だった、と感じています。

まず、あちらでは重い荷物を持って歩いたことはありません。大抵どこからか男性がやってきて、持ってくれるからです（別に私がプリンシパルだから、ということではなく）。それがとても自然に行われるのです。最近ロンドンに行った時も、私が通路にあるドアに手を伸ばそうとすると、さっきすれ違った男の子が駆け戻ってきてドアを開けてくれました。立派に紳士を演じようとしているまだ十歳くらいの少年に、私は心をこめて会釈《えしゃく》を返しました。

見知らぬ間柄であっても、こうしたやり取りを交わしている時は互いに〝マナー〟という台本の中の主人公を演じています。

そういう場面を日常の中で経験していくと、美しい振る舞いが自然に習慣として身についてきます。たとえ最初は形式的なものであったとしても、次第に心が伴ってくるようになるのが不思議です。思いやりと感謝をやりとりすることが、気持ちを豊かにしてくれます。

舞台でも毎回、同じ体験をします。

カーテンコールでパートナーの男性に手を取られ、一歩前へ踏み出してご挨拶をするときのリードとアイコンタクトが、女性（私）をとても幸せな気分にしてくれます。特別な存在になれたような心地がして、客席の皆様とパートナーに、心から感謝の気持ちを伝えたくなるのです。

数秒のゆとり

日本には〝間〟、〝間合い〟という言葉があります。大好きな言葉です。

たった数秒間の気持ちのやり取り、あるいは言葉と言葉の間に置かれた静かな〝間〟が、状況や人間関係を変えることがあります。

同じ「ありがとう」でも、一本調子の早口で言うのと、ふんわりと間を持たせて言うのでは、受け取るニュアンスが違います。文字にしてみれば同じなのに、間を使って表現すると、伝わり方が変わります。

満員電車や人ごみの中にいると、どうしても緊張から身体が縮まり、言葉も硬くなるもの。それはきっと、他者からの無用な介入をシャットアウトし自分を守るから。その結果、硬い殻をかぶるどころか、そこから棘《とげ》を生《は》やしているような状態になってしまいます。

そんなときこそ、〝数秒のゆとり〟です。数秒とはちょうど一呼吸くらい。一呼吸して、道を譲る、会釈をする、こういう行いが増えたら、人混みのぎすぎすした緊張感もほどけるのではないでしょうか。

一瞬に込める美意識

私が今、影響を受けているのは〝和文化〟です。

日本に拠点を移してから、アウトプットばかりにかけていた時間をインプットにも費やすようにしており、和のお稽古にも行ったことがあります。大人になって改めて味わう和の文化はすべてが新鮮で、なかでも茶道・華道には学ぶことがたくさんあります。……ただ、痛めた膝が心配なので、外国の方々と一緒に椅子で参加させていただきましたが。

どちらも日本ならではのしみじみとした色彩感覚、季節感や自然へのまなざし、もてなしの心に満ちています。特に茶の湯のしつらえには、舞台に通じる総合芸術の世界観を感じます。

和の文化は、〝今〟という瞬間を味わうための豊かな背景を持っています。余計な情報から切り離され、五感が研ぎ澄まされます。お茶室には考え抜かれ、選び抜かれた道具が並び、そのこだわりが込められた空間で、繊細な動作と共に会話を楽しみます。〝今、この瞬間〟をいかに豊かなものにするか、その一点に的を絞り準備した場所で、コミュニケーションが生まれます。

なんと美しい時間なのでしょう。

私の踊りが〝日本人らしく楚々《そそ》として繊細〟と評価していただけたことを今こそ嬉しく思っています。

日常の所作は、毎日のエクササイズ

和の達人たちは、日常の所作《しょさ》が優美です。立つ時・歩く時は膝と膝をきちんとつける、遠くに腕を伸ばす時はすっ、と伸ばす――折り目正しくて気持ちが良いものです。

着物を着る機会が多いため自然とそうなるのかもしれませんが、物を大切に扱う、静かに無駄なく動く、など和の空間にふさわしい振る舞いを日々実践するうち、自然に自分のものとして身についたのでしょう。

また、謙虚であることをよしとし、腰を低くして相手に接する日本人は、それがそのまま姿勢にも現れている気がします。

バレエのマイムが、西欧人の日常生活の表現を取り入れているから大ぶりであることと同じではないでしょうか。

しぐさや立ち居振る舞いからは、その方の日常生活が見て取れます。

日常の中の小さな動作の積み重ねが、身体の動き、筋肉のつき方にも影響を与え、結果としてその人らしさを作るのかもしれません。

他者や社会のために尽くす

使命感を持ちパワフルに活動されているのに、どこか控えめなお人柄——。

国連難民高等弁務官でいらした緒方《おがた》貞子《さだこ》さんには、外国で生活をする日本人、同じ女性として、憧れと尊敬の念を抱いていました。ロンドンの日英協会にもよくお仕事でいらしていたので、遠巻きながらそのご活躍を拝見していましたが、英国の人たちからも緒方さんの活動は高く評価されていました。

今も昔も、「エレガントな女性、というとどんな人を思い浮かべますか?」と尋ねられた時、必ずそのひとりに緒方さんを挙げています。

自分のためにではなく、他者や社会のために尽力する。

そうした生き方こそがエレガントだと思うからです。

第七章

心にも栄養を

五十歳を超えた今日まで、バレエ一筋でやってきました。
舞台で起こる物語は、非日常の連続です。
演じる私たちは、登場人物たちの心に寄り添い、想像を膨らませ、
自分とは違う人生を生きます。
お客様は、その物語の世界に没頭します。
演じる側も見る側も、日常から切り離された世界、時間を旅しているのです。
芸術は、人間の本質的な豊かさを教えてくれます。
だからこそ私は、バレエに魅了され続けています。

生きている芸術、それがバレエ

舞台芸術は「生命の輝き」です。

舞台の上にいる人間も、観客も、これまで生きてきた時間の中に経験や記憶を積み込んだひとりの人間。そうした一人ひとりが、そこで起こる出来事を共有します。経験や記憶を重ねてきた〝今日の自分〟が、同じ空間で、消えてなくなる輝きの一瞬を一緒に味わっているのです。

テクノロジーが進化した今となっては、ストーリーを興味深く伝えることや、美しい演出を通して芸術的な時間を編み出すことは映像にもできることですし、むしろ映像のほうが想像世界を多彩な手法で描き出せるかもしれません。

しかし、映像にはできないことがひとつだけ、あります。

それは〝今〟であるということ――。

映像は何度も繰り返し見ることができますが、舞台は一回限り。たとえ同じ演目を同じキャスティングで一週間上演したとしても、演じ手も観客も生身の人間ですから、互いにその日のコンディション、感情のバイブレーションがあります。そうした生の息遣いが出合うのが舞台です。

同じ『白鳥の湖』を踊ったとしても、私生活でわくわくするような恋をしている若手のバレリーナが踊るのと、いくつかの恋を乗り越えた成熟期のバレリーナが踊るのでは表現は違って当たり前。観客も同様です。ある意味互いの人生の出会いでもあるわけです。

これは、日本の伝統文化の中に息づく「一期一会《いちごいちえ》」の精神にもつながります。

人間が他の動物と圧倒的に違う点は、大脳を発達させたことで豊かな感情、想像力を持つようになったことだと言われています。想像力や感動は人間の宝物です。五感に訴え、想像力を刺激する舞台芸術は人間同士で共有できる、財産です。

言葉の壁を乗り越え心に届くダンス

人種、国境、宗教、言葉……。そういった違いが争いの原因になるのだとしたら、ダンスは全く逆の立場にあります。

ダンスは、言葉も国境も人種も超えて、人と人の間に対話を作ることができます。身体を通した表現は、直接人の心を刺激し、人と人との真のコミュニケーションが生まれます。

少し前、日本の中学教育のプログラムにダンスが必修科目として加わりましたが、とてもよいことだと思っています。なぜならダンスは、口下手な人、違う言語の人とも一緒に参加でき、言葉以外の方法でコミュニケーション能力を養うことができるから。

音楽も使いますから情緒を育むのにもいいですね。ユネスコのリサーチにも、子どもの頃に芸術に触れたことがあると暴力的にならないというデータがあるそうです。

エネルギーが有り余っている十代の子どもたちがダンスを通して気持ちを解放するのは、とても好ましい手段だと思います。同時に身体も鍛えられますから言うことなし、でしょう。

劇場を社交の場に

英国ロイヤル・バレエ団が拠点とするコヴェント・ガーデンのロイヤル・オペラハウスは、いつもたくさんの人でにぎわっていました。ヨーロッパの主要な街は、中心部から円形に外側へ広がっていくような形をしています。その中心にあるのは、教会や役所、美術館や劇場。生活の中心に芸術・文化施設があるのです。周囲にはカフェやレストランが軒《のき》を連《つら》ね、市民の交流の場を形成しています。

旅行で英国を訪れ、はじめて劇場に足を運んでくださった日本のお客様もたくさんいらっしゃいました。英国駐在中に、生まれて初めてバレエをご覧になった、という男性も少なくありません。異国での非日常が、一歩を踏み出させたのかもしれませんが、劇場へ足を運ぶということが生活の中に自然に溶け込んでいる環境も、心の垣根を低くしてくれたのだと思います。

ロイヤル・オペラハウスへは、エグゼクティヴたちもたくさん足を運んでいました。欧米では、文化・芸術の支援は企業のステイタスで、バレエ団や管弦楽団などには必ずスポンサーがついています。

日本の歌舞伎座で歌舞伎を鑑賞した時に、羨ましいと思ったのはここです。男性も女性もいつもよりほんの少しおめかしをして、賑やかな劇場空間の中、くつろいで舞台を楽しんでいます。

日本でも男女を問わず、もっと気楽にバレエを楽しむ人たちが増えてくれたら嬉しい。よくわからないから、と、しり込みせず、まずは友達やパートナーとリラックスして楽しんでほしい。おしゃれをして出かける場所、あるいはコミュニケーションの場として、劇場を活用していただけたら嬉しいです。「あの人、きれいだったね」「なんであの王子は騙されたのだろう、馬鹿なやつだ」そんなコメントも大歓迎。立派な感想など抱かなくてもいいのです。

バレエは、感覚で楽しむもの。楽な気持ちで扉を開けてください。

もっと気軽にバレエを観に来てほしい

舞台芸術の進展のためには、観客の皆さんの視線がどうしても必要です。皆さんの視線が、舞台に立つ者を育てるからです。

同時に私たちも、より多くの人とコミュニケーションをとるべく、努力しなくてはならないと思っています。

ヨーロッパのバレエ団やダンサーたちの間では、企業やファッションブランドとタッグを組み、ダンスとは違うフィールドから話題作りを行うなどの動きが盛んです。そうやって舞台芸術のすそ野を広げているのです。劇場に新しいお客様を迎えるためには、こちらからも歩み寄ることが必要です。

ワークショップなどを通して次世代を育てていくことはとても大切ですが、その次世代のダンサーたちが活躍できる場所を創らねばならないと思っています。

助け合うことの温かさ

英国では、チャリティ活動が日常的に行われています。民間のチャリティ団体がいくつもあり、どこの街角でもそうした人々が活動しています。子どもたちも、小・中学生の頃から積極的に参加しています。

文化的施設の維持・管理は寄付に頼る部分が大きく、ロイヤル・オペラハウスやロイヤル・バレエスクールの改築にも、寄付がたくさん寄せられました。そして私たちもチャリティ公演をよく開催します。劇場と市民が持ちつ持たれつの関係を築くことができるのは、劇場が市民にとって身近なものであるからこそ。

私たちも、市民・国民の支援で維持されている劇場で仕事をしているのですから、責任感も倍増します。いい加減な仕事はできません。

英国では芸術家やその関係者が支援活動を行うのは当たり前。表舞台に立つ人だけではなく、舞台裏を支えるスタッフ全員が気持ちをひとつにしてチャリティ公演を行います。目的はエイズ患者や難民の支援などさまざまですが、こうした助け合いは、受ける側だけでなく、行う側にも温かな気持ちをもたらしてくれます。

たった三日間の準備期間でチャリティ公演を実現！

英国人のチャリティ意識の高さに驚かされたのは、二〇一一年の東日本大震災の時でした。

既に英国ロイヤル・バレエ団を離れていた私でしたが、その時はたまたま、英国のダンサーと踊る予定があったため、そちらに滞在していました。バーミンガムでのリハーサルを終え、ロンドンへ移動するその日の朝、震災のニュースが世界を駆け巡りました。

ダンサーやスタッフはもちろんですが、街を行く人たちも日本人の私を見ると「あなたの家族は、家は、大丈夫？」と心配して声をかけてくれました。多くの人が、災害に遭った人たちの気持ちを想い、涙を流してくれたのです。

何もできない自分を歯がゆく、そして恥ずかしく思いましたが、直接支援する手段など持っていません。

けれどもその時、オペラハウス内の小劇場が次の日曜空いていることがわかります。そこで「東日本大震災への支援金を集めるチャリティ公演をやりたい」と劇場へ相談したところ、即座に「もちろん！」。

そこからがすごかった。

その日は木曜日。公演開催の日曜まで三日しかありません。演目の決定と振付家への上演許可の取り付け、音楽、照明、衣裳の手配……。通常ではありえないスピードで決定し実行しなければならないのですが、誰ひとり嫌な顔をせず、積極的に動いてくれます。インターネットやSNSを通じて情報を発信し、チケットはその日のうちに完売。公演当日には特設カウンターで、ケヴィン・オヘアやスタッフまで助《すけ》っ人《と》としてチケット交換を行ってくださいました。

ロンドンの日本人学校の子どもたちも、楽器の演奏で参加してくれ、その一生懸命な姿に、客席からは温かな拍手をいただきました。

また、この公演での作品上演を快諾してくれた振付家ウェイン・マクレガーは、チケット完売で席のない中、立ち見で公演を見守ってくださいました。人の気持ちの温かさ、素晴らしさが心にしみた数日間でした。

芸術は心の栄養

震災は、日本全体に暗い影を落としました。特に電力の問題は深刻。そこに輪をかけて、晴れやかな歌舞音曲《かぶおんきょく》など不謹慎、というムードもありました。現実面でも電力供給がままならない中で、照明をたくさん使う舞台公演などもってのほかと言わざるを得ません。

その三月の終わり、NHKとスターダンサーズ・バレエ団の公演『シンデレラ』で、私は英国ロイヤル・バレエ団のヴァレリー・ヒリストフと踊る予定になっていました。こんな時に、バレエ公演なんて……という声もありました。今必要なのは食料と水、というのが現実です。

しかし、主催者は「こんな時だからこそ」と公演開催を決断。そして、たくさんの外国人が放射能の影響を恐れて日本から去っていく中、ヴァレリーはたくさんのペットボトルの水とともに日本へやってきてくれました。そして三月三十一日、私たちは舞台に立ちました。

最後まで、やるべきか延期すべきか、皆で悩んだ公演でしたが、終演後、仙台から駆けつけてくださったお客様からかけていただいた一声に、肩の荷が下りました。

「公演を中止しないでくれてよかった。癒されました。今、私たちにはこういう時間が必要です」

そんなことくらいしかできない自分に引け目を感じていただけに、かえってこちらが癒されました、嬉しかった。

その時ふと思いました。

私は、おなかに栄養を届けることはできないかも知れないけれど、心に栄養を届けることはできるのかも知れない、と。

教えることは学ぶこと

帰国してから、ジュニアのワークショップもするようになりました。子どもの頃から繰り返し行い、すっかり体にしみついた動きを、言葉にして伝えるのは非常に難しいことです。

だから学んでいるのは子どもたちばかりではありません。

教えるために改めて動きを分解・分析することで、こちらもバレエを学び直すのです。

二〇一六年の春にはハンガリー国立バレエ団のプリンシパルたちに、ピーター・ライト版『眠れる森の美女』を指導しました。ハンガリーのバレエ・ダンサーたちは、ロシア的なメソッドで稽古をしているため、身体の動かし方がダイナミックです。しかしピーター・ライト版は、優美さを重視するロイヤル・スタイルに則《のっと》っており、〝控えめに、上品に〟という身体の使い方を伝えなければなりません。ロシアのスタイルになじんでいる彼らにとって、慣れるまでは大変だったようです。

バレエ団にはそれぞれスタイルがありますから、それも当然。でも踊りの幅を広げるために、敢《あ》えてスタイルの違う作品を選んだディレクターは素晴らしいと思いました。

この時私は、自分がロイヤル・スタイルの中で育ったこと、それをとても大切に思っていることに改めて気づかされました。長年かけて習得したロイヤル・スタイルが私はとても好きなのです。

こうした仕事を通して、次の世代へはもちろん、プロのダンサーたちにも、私が受け継いできたことをきちんと受け渡したいと思うようになりました。

その思いの根っこにあるのは、偉大な先人たちへのリスペクトです。長い時間を超えて受け継がれてきた古典作品は文化遺産でもありますし、振付家が考え抜いて創り上げた世界を正しく伝えていくのも私たちダンサーの役割のひとつです。

受け継いだものを、正しく受け渡したい。だから、細かい部分にこだわりますし、時には厳しく接します。

作品、スタイルを〝守る〟ことも私たちの役割だと思うのです。

感謝に導かれて

プロのスポーツ選手がそうであるように、バレリーナも本番の舞台に立ち続けていなければプロとしての体を維持できません。

私が今もなお舞台に立つことができているのは、たくさんの方との出会いが、自然と踊り続ける道へと導いてくれたからです。

子どもの頃、日本で厳しく基本を教えてくださる先生に出会えたから、ロイヤル・バレエスクールでコンプレックスまみれになっても頑張ることができた。ピーター・ライトに出会えたから、焦ることなく自分のペースで成長できた。華やかで個性的な仲間たちに刺激されて、自分の個性というものに目覚めた。先生方や仲間からのさまざまな助言や提案により、踊り続けるチャンスをたくさんいただいた。そしてさまざまな作品が、私に多くのことを考える機会を与えてくれました。

日本で、私を応援してくださる先生やファンの皆さんにも、どれだけ助けられたことでしょう。

これからは、恩返しをしなければなりません。

人の心を豊かにし、平和をもたらすバレエ、そして舞台芸術の世界を、もっと多くの人に知っていただくために、力を注いでいきたいと思っています。

荷物を降ろし、大切なことに集中

二〇一六年現在、まだ舞台に立っていますので、私の日常はバレエ団時代とほとんど変わりません。

体の調子もまずまず。

朝は七時に起床し、お風呂に入り、朝食をとります。

以前は一日の終わりに入浴していましたが、腰を痛めてから、十分に温めて一日をスタートするようにしています。

この年齢になり体力・筋力を維持するにはより効率よく栄養を摂《と》らなければなりま

せんので、今更ながら（笑）、パーソナル・トレーナーの先生にアドバイスをもらっています。身体を動かした直後の三十分は〝ゴールデンタイム〟と教わったので、逃《のが》さずタンパク質をたくさん摂るようにしています。

午前中はクラスレッスン、休憩を入れて午後は夕方まで単独リハーサル、日によってはそのあとにトレーニングやマッサージをしています。そして夕食もしっかりと。内容は食べたいものを中心にバランスよく。お肉は筋肉作りにかかせないですし、揚げ物も大好きです。

腰、膝に変調を来《きた》した時には、ドクターやトレーナー、マッサージの先生のサポートのおかげでコンディションを取り戻せましたし、作品やタイミングをじっくり考え、舞台に向かうことができています。

以前だったら、こんなにゆっくりしたペースで舞台の予定を入れることを自分に許すことはできなかったでしょう。でも今は、あきらめる部分とこだわるところを自分なりに整理し、何ら罪悪感を持つこともなくこだわるところのみに集中することができています。

バレエ以外の世界に触れる時間も作るようにしています。

先にお話しした生け花や茶道もそうですが、元気がある時にはサイクリングを楽しんだり。……自転車なら膝に負担をかけることなく、体力維持のトレーニングにもなるな、という下心（?）がなきにしもあらず（笑）。やはりどんな時でも、バレエが私の頭から離れることはないようです。

バレエ団のプリンシパル、という責任から解放されて六年。

肩の荷が軽くなった身体で、外の世界の空気を吸収しながら、これから私がやるべきことに集中していきたいと思っています。

1983年、ローザンヌ国際バレエコンクールにて。
吉田都17歳。

バレエにかぎらず　必要なことは
たくさんあるけれど
毎日　コツコツと続けることが
何より大切です。

「千日の稽古を鍛とし
万日の稽古を練とす」

どちらに進めば良いのか
分からないなりに　もがき苦しみ
続けていると　ふと違う景色が
見えてくることがあります。

継続は力なりを
今も実感する毎日です。

吉田都

吉田 都　バイオグラフィー

一九六五年　東京都生まれ。九歳の時、国立バレエスタジオでバレエを始める。

一九八一年　松山バレエ学校に入る。

一九八三年　ローザンヌ国際バレエコンクールでローザンヌ賞を受賞、英国ロイヤル・バレエスクールに留学。

一九八四年　芸術監督だったピーター・ライト卿に見いだされ、サドラーズウェルズ・ロイヤルバレエ団（現バーミンガム・ロイヤルバレエ団）に入団。

一九八八年　最高位であるプリンシパルに昇格。

一九九一年　英国のダンス専門誌『Dance & Dancers』の読者投票でダンサー・オブ・ザ・イヤーに選ばれる。

一九九三年　ローザンヌ国際バレエコンクールの審査員を務める（以後、二〇〇九年、二〇一二年）。

一九九四年　皇太后のお誕生日に英国ロイヤル・バレエ団へゲスト出演、皇太后、マーガレット王女ご臨席のもと『ロミオとジュリエット』のジュリエットを踊る。

一九九五年　英国ロイヤル・バレエ団にプリンシパルとして移籍。

一九九七年　新国立劇場のこけら落としで『眠れる森の美女』のオーロラ姫を踊る。

一九九九年　エリザベス女王ご臨席のもと、オペラハウス・オープニング・ガラ公演に出演。

二〇〇一年　チャールズ皇太子ご臨席のもと、アンソニー・ダウエル　フェアウェル・ガラ公演に出演。

二〇〇四年　バレリーナとしての功績とともに、チャリティ活動を通しての社会貢献が認められ、「ユネスコ平和芸術家」に任命される。

天皇、皇后両陛下ご臨席のもと、新国立劇場にて新演出『ライモンダ』を踊る。

二〇〇六年　Kバレエ・カンパニーのプリンシパル（翌年はゲストプリンシパル、〇九年退団）、英国ロイヤル・バレエ団のゲストプリンシパルとして、英国と日本を行き来する。

二〇〇七年　紫綬褒章を受章。

大英帝国勲章（ＯＢＥ）を受勲。

二〇一〇年　六月の日本公演を最後に、英国ロイヤル・バレエ団を退団。

二〇一二年　国連ＵＮＨＣＲ協会　国連難民親善アーティストに就任。

現在はフリーランスのバレエダンサーとして舞台に立ち続ける傍ら、後進の育成にも力を注いでいる。

◎主な受賞歴

グローバル賞（一九八九年）、中川鋭之助賞（一九九五年）、橘秋子賞（一九九六年）、芸術選奨文部科学大臣新人賞（一九九七年）、服部智恵子賞（一九九八年）、芸術選奨文部科学大臣賞（二〇〇一年）、橘秋子特別賞（二〇〇二年）、舞踊芸術賞（二〇〇四年）、英国舞踊批評家協会 英国最優秀女性ダンサー賞（二〇〇六年）、毎日芸術賞（二〇一一年）、舞踊批評家協会賞（二〇一二年）

◎代表的な作品は以下の通り

『白鳥の湖』オデット／オディール　『眠れる森の美女』オーロラ
『ロミオとジュリエット』ジュリエット　『ジゼル』ジゼル
『コッペリア』スワニルダ　『くるみ割り人形』金平糖の精
『ドン・キホーテ』キトリ　『シンデレラ』シンデレラ
『オンディーヌ』オンディーヌ　他多数

◎オフィシャルウェブサイト　http://miyako-yoshida.com/

カバー・口絵写真　徳永彩（KiKi inc.）
ヘアメイク　光倉カオル（dynamic）
衣装協力　YUMIKO
www.yumiko.com
ブックデザイン　柳沼博雅（GOAT）
構成　浦野芳子

著者マネージメント　ブルーミングエージェンシー

バレリーナ 踊《おど》り続《つづ》ける理由《りゆう》

2016年11月30日　初版発行
2017年 2 月20日　5刷発行

著者　吉田都《よしだみやこ》
発行者　小野寺優
発行所　株式会社河出書房新社
東京都渋谷区千駄ヶ谷2-32-2
電話　(03) 3404-1201（営業）
(03) 3404-8611（編集）
http://www.kawade.co.jp/

組版　株式会社キャップス
印刷・製本　三松堂株式会社

Printed in Japan
ISBN978-4-309-27769-1